유튜브 브이로그
만들기

내일이 간직할 오늘,
유튜브 브이로그 만들기
—

2019년 03월 04일 1판 1쇄 발행
2021년 03월 10일 1판 3쇄 발행
—

지은이 yesiamyulia(이슬기)
펴낸이 이상훈
펴낸곳 책밥
주소 03986 서울시 마포구 동교로23길 116 3층
전화 번호 02-582-6707
팩스 번호 02-335-6702
홈페이지 www.bookisbab.co.kr
등록 2007. 1. 31. 제313-2007-126호.
—

기획·진행 기획부 김다빈
디자인 디자인허브
—

ISBN 979-11-86925-69-0 (13000)
정가 15,000원
—

ⓒ 이슬기, 2019

책밥은 (주)오렌지페이퍼의 출판 브랜드입니다.

이 도서의 국립중앙도서관 출판예정도서목록(CIP)은 서지정보유통지원시스템 홈페이지
(http://seoji.nl.go.kr)와 국가자료공동목록시스템(http://www.nl.go.kr/kolisnet)에서
이용하실 수 있습니다. (CIP제어번호 : CIP2019005135)

내 일이 간직할 오늘

유튜브 브이로그
만들기

yesiamyulia (이슬기)
지음

책밥

머리말

✧✦

    내 삶을 가장 가까이에서 바라보는 사람은 나 자신이지만, 저는 스스로를 잘 아는 것 같지 않았어요. 학생 때는 친구들을 만나서 이 얘기 저 얘기하는 걸 좋아했으면서도 와자지껄 정신없이 떠들고 돌아오는 버스에서는 늘 허무했고, 대화 속에서 나를 찾을 수 없었어요. 친구들과의 시간을 점점 줄이다 보니 혼자가 된 기분이 들었어요. 어떤 날은 아무 말도 하지 않고 하루를 보내는 날도 있었고, 긴 침묵을 깨는 광고 전화가 반가워 오랜 시간 공들여 대답한 날도 있었어요. 그렇게 허무하고 밋밋한 날들을 보내다가 문득 일기를 썼어요. 하루 이틀, 계속 쓰다 보니 마음이 점점 풀렸어요. 누군가에게 화가 나거나 속상한 것도 아니었는데 스스로 느낄 수 있을 정도로 마음이 녹더라고요.

    그러다 조금 더 용기 내서 영상을 찍었어요. '안녕하세요. 오늘은 목요일입니다. 저는 집에서 그냥 누워 있어요.' 같은 말로 영상을 시작해서 10분이 넘게 혼자 이야기하고 찍은 영상을 돌려 봤어요. 내 상황을 내 목소리로 내 얼굴을 보면서 들으니까 기분이 참 묘하더라고

요. 매일 세수를 하면서 보는 얼굴인데 어쩐지 새롭고, 말하면 듣고 싶지 않아도 들리는 목소리인데 또 새롭고. 작은 화면에 들어가서 무던하게 하루를 말하는 10여 분 전 나에게 위로를 받는 듯했어요.

　　이런 날들을 지금까지 이어 오면서 많고 다양한 사람들이 각자의 유튜브 채널을 운영했으면 좋겠다고 늘 생각해요. 소통을 통해 타인에게 위로받을 수도 있지만, 스스로를 향해 끊임없이 사랑과 응원을 보내는 사람은 나라는 걸 알게 되었거든요. 그래서 혼자만의 시간이 많은 또 다른 나에게, 친구와의 오늘을 기록하고 싶은 또 다른 나에게, 사랑하는 사람들과의 감정을 기록하고 싶은 또 다른 나에게 느끼게 해주고 싶었어요. 기록된 내 모습을 보며 새로운 나를 알아가는 건 정말 멋진 일이잖아요. 오늘은 또 어떤 순간들을 기록하게 될까요?

이슬기

VLOG ☀ ☾

오늘, 지금부터 기록하기

가끔 '유튜브를 하고 싶은데 지금 시작해도 되는지 모르겠다' 혹은 '나이가 적거나 많은데 해도 되는지 모르겠다', '유튜브를 하게 된 계기가 궁금하다'라는 질문을 받아요.

저는 지금 유튜브를 3년 넘게 해오고 있는데 처음 유튜브를 하고 싶다고 생각했던 건 고등학생 때였을 거예요. 오빠가 유튜브라는 사이트에 들어가면 좋아하는 가수들의 노래를 사람들이 커버한 영상을 볼 수 있다고 알려 준 게 계기였어요. 매일같이 음악을 들으러 유튜브에 접속했다가 우연히 외국 유튜버들의 토크 영상과 일상 영상을 보게 되었어요. 어릴 때부터 외국어나 문화에 관심이 많아 외국인 친구와 펜팔 하는 게 취미였던 저는 저처럼 평범한 외국인들이 외국어로 이야기하는 것을 영상으로 볼 수 있다는 게 정말 멋지다고 생각했어요. 그 이후로는 발견하는 유튜버마다 구독을 해가면서 정말 많은 영상을 봤어요.

VLOG ☼ ☽

그러다 보니 자연스럽게 언젠간 나도 유튜브 채널을 만들어서 영상을 올리고 싶다는 생각을 했고, 대학교에 가서 만난 친구와 스무 살 때 처음으로 유튜브 채널을 만들어 영상을 올리자는 이야기를 하게 됐어요. 그때는 한국인 유튜브 크리에이터가 있는지도 몰랐을 정도로 유튜브가 활성화되지 않았기 때문에 친구랑 저는 당연히 영어로 유튜브를 운영하기로 했어요. 처음 친구와 영상을 촬영하고 확인했는데 그 모습이 너무 웃기고 창피해서 영상은 바로 삭제하고 유튜브를 하자는 말은 다시 내뱉지 않았어요.

깔깔

그러다가 스물두 살쯤 다니던 회사를 그만두고 취미로 블로그를 열심히 하던 때가 있었어요. 블로그에 간간히 영상을 올렸는데 그 영상들을 모아서 유튜브에 올려도 재밌겠다는 생각이 스치더라고요. 그때 올린 영상은 말을 전혀 하지 않고 그냥 제 눈에 보이는 것들을 기록한 것이었어요. 주된 시청자는 블로그 구독자들이었는데, 어느 날

영상을 다시 보니 나를 너무 인터넷에
노출시켰다는 느낌이 들기 시작하면서 무서워지더라고요. 그래서 바
로 영상들을 삭제했던 기억이 있어요.

그랬던 제가 다시 유튜브를 하게 된 건 4년 전쯤 마지막으로
다녔던 회사를 그만두고부터예요. 왕복 4시간이 걸리는 거리였는데
막내여서 출근 시간보다 더 일찍 도착해서 청소를 해뒀어야 했기에 체
력적으로 정말 힘든 생활이었어요. 그러다 보니 퇴사를 하고 나서는
그냥 쉬고만 싶더라고요. 아무것도 하지 않는 무의 상태가 간절했던
거 같아요. 한창 집에서 시간을 보내다가 블로그를 다시 시작해서 열
심히 하고 있을 때였는데 갑자기 유튜브가 너무 하고 싶은 거예요. 유
튜브를 보는 시간이 많아져서 그랬는지는 몰라도 그 생각이 떠오른 날
바로 네이버에 유튜브라고 검색을 했어요. 이번에는 아무것도 모르던
스무 살 때와는 다르게 유튜브는 어떤 곳인지에 대해서 알아보기 시작
했어요. 그러다가 유튜버들의 저작권을 주로 관리해 주는 유튜버 소

속사를 'MCN(Multi Channel Network)'이라고 부르는 것을 알게 되었어요. 연예인도 아닌데 소속사가 있다니 하고 정말 놀랐던 기억이 나요.

　　이렇게 하나씩 퍼즐 맞추듯이 유튜브에 대한 새로운 정보를 발견하고 나니까 너무 신기하고 재미있어서 어떤 MCN이 있는지 검색하기 시작했어요. 그러던 중 한 곳에서 유튜브 크리에이터를 양성하기 위한 교육 프로그램을 진행한다기에 친구를 꼬셔서 같이 지원했어요. 그때 처음 유튜브가 무엇을 하는 곳인지, 한국에서 유튜브를 하려면 어떻게 해야 하는지, 기존에 있는 유튜버들의 수익은 어느 정도인지, 영상 촬영과 편집을 하려면 어떤 장비를 써야 하고 프로그램을 사용해야 하는지에 대해서 배웠어요. 기본적인 촬영 방법과 프로그램을 배우고 나니 열정이 불타오르더라고요. 그래서 바로 만든 채널이 yesiamyulia예요.

제가 시작했을 때는 지금처럼 유튜브가 활성화되기 전이라서 그런지 직업이 유튜버라고 하면 주변 사람들이 그게 뭐냐고 많이 물어봤어요. 그럼에도 불구하고 제가 좋아서 시작했기 때문에 늘 직업은 유튜버라고 말하고 다녔어요. 구독자가 1,000명도 안 됐었는데 말이에요.

　　유튜버는 어떤 조건에 맞아야만 할 수 있는 게 아니에요. 하고 싶은 마음만 있다면 언제든지 쉽게 마우스 클릭 몇 번으로 시작할 수 있어요. 나이가 어려서, 나이가 많아서, 특별한 계기가 없어서 내가 즐거워질 수 있는 기회를 놓친다는 건 너무 아쉬운 일이에요.

하나, 둘, 셋

✧✧

　유튜브를 하기 전에 정하고 시작하면 좋은 게 있어요. 바로 '어떤 유튜버가 될 것인가'예요. 제작자인 나와 소통하는 유튜버가 될 것인지, 타인(시청자)을 위해 소통하는 유튜버가 될 것인지를 정하는 거예요. 이렇게 정해 두면 어쩐지 딱딱하고 선을 긋는 것처럼 보이지만 유튜브를 하면서는 꽤나 중요한 부분이에요. 나와 소통하거나 타인을 위해 소통하는 유튜버라고 정해 둔다고 해서 나의 의견 혹은 상대의 의견에 눈감거나 귀를 닫아 버린다는 뜻은 아니에요. 단지 채널을 만들고 영상으로 소통하면서 중요한 것이 무엇인지 확실히 해두어야 나중에 어떠한 문제든 해결할 때 조금 더 합리적이고 적절한 방법을 떠올리게 되기 때문이에요.

　나와 소통하는 유튜버라는 것은 영상을 즐기는 주체가 제작자인 '나'가 되어야 해요. 단지 나만 즐길 수 있는 영상을 만드십시오! 하는 이야기가 아니라 내가 즐길 수 있고 그것을 시청자들과 공유하고 싶다는 마음이 있어야 한다는 거예요. 또 타인을 위해 소통하는 유튜버가 되기로 정한다면 나의 취향을 100% 반영하기보다 시청자의 의견에 맞추어 시청자가 좋아할 것 같은 영상을 제작하는 것을 우선으로 해야 해요. 물론 제작자와 시청자의 의견을 적당히 맞추어 가며 영상을 제작할 수도 있지만 이러한 틀을 정해 두지 않고 하다 보면 상황에 따라 다르게 대처해야 하기 때문에 생각과 마음이 복잡해지는 일이 생기기도 하거든요.

앞서 이야기한 두 가지의 방향만 있는 것은 아니지만 아무런 정보나 도움 없이 처음 시작하시는 분들에게는 이렇게 틀을 정해 두면 조금 더 원활하게 유튜브를 운영할 수 있을 거예요.

영상을 만들어 혼자서만 간직하거나 가족들 친구들과 공유하는 것에서 그치지 않고 불특정 다수의 사람들과 공유하기 시작하면서 슬럼프가 자주 찾아왔어요. 심한 경우에는 1년 동안 지속되기도 했고요. 미미한 경우에는 일에 온전히 집중하지도, 쉬는 것에 온전히 집중하지도 못해서 더 힘든 시간을 보냈어요. 좋아하는 일을 하면서 겪는 슬럼프였기 때문에 정말 많은 생각을 했어요. 어떤 날은 생각으로만 하루를 보내는 날도 있었고요. 제가 느끼는 슬럼프는 대부분 타인의 시선과 나의 시선의 차이 그리고 개인과 공개적인 인물 사이에서의 갈등이었어요. 그러니까 나의 과거, 현재, 미래, 오프라인과 온라인에서의 나로부터 오는 생각들에 마찰이 생겼던 거죠.

유튜브 채널을 만들고 영상을 올리고 사람들과 소통을 하면서 서로의 의견을 나누다 보면 이 공간이 나를 위한 개인의 방인지 혹은 타인이 마음대로 뛰어놀 수 있는 공원인지 갈피를 잡지 못하는 순간이 생겨요. 불특정 다수에게 노출된다는 것은 장점이자 단점이라 그로 인해 웃기도 하고 울기도 하는 에피소드가 생겨요. 처음에는 삶을 공유하는 유튜버이자 일정 부분은 지키는 개인이라고 생각했어요. 하지만 시간이 지날수록 유튜브를 하는 제 모습과 평소의 제 모습의 경계가 희미해지더라고요. 물론 두 모습 다 나지만, 모든 것을 공유하고 원치 않는 모습까지 영상에 담아야 한다면 나를 지킬 수도 유튜브 생활을 지속할 수도 없을 거라는 생각이 들었어요. 유튜버를 직업으로 삼은 것은 맞지만 모든 삶을 유튜브에 맞출 필요는 없다는 이야기예요. 다른 직업을 가졌어도 마찬가지로 생각했을 거예요. 회사에서 남은 업무를 집에 들고 와서 마무리하고 싶은 사람은 많지 않을 테니까요.

가끔은 출근과 퇴근이 정해져 있었으면 좋겠다는 생각도 하게 돼요. 그렇지 않다면 24시간 일하는 기분이 들기도 하고, 잠깐의 여유를 갖게 된다면 24시간 내내 쉬는 기분이 들어 압박감을 느끼기도 하거든요.

일상을 기록한다는 것은 하루 24시간 중에서 내가 선택한 시간을 기록하는 것이기 때문에 어떤 상황, 어떤 모습을 남길지 온전한 나의 선택으로 이루어져야 나중에 영상을 돌려 봐도 후회가 없는 것 같아요.

내가 기록한 모든 모습이 내 마음에 들기란 생각보다 쉽지 않았어요. 내가 고른 상황과 내가 원하는 모습을 촬영했더라도 결과물을 봤을 때는 촬영하며 했던 상상과 다른 적도 많았거든요. 그렇기 때문에 내가 만족할 수 있을 만큼 더 마음을 쏟고 정성 들여 만들어야 해요. 나의 마음을 쏟지 않고 타인의 의견만을 반영하거나 대충 만든 영상은 나중에 다시 돌려 봐도 흥미를 못 느끼는 영상이 될 수도 있어요.

나의 지금을 간직하는 브이로그

    브이로그^{Vlog}는 '비디오^{Video}'와 '블로그^{Blog}'의 합성어로, 영상으로 일상을 기록한 콘텐츠예요. 기록에는 여러 가지 방법이 있지만 영상으로 기록한 자신의 모습이나 주변 사람의 모습, 풍경이나 사물에는 사진이나 글로 표현할 수 없고 담아낼 수 없는 것들이 담겨요.

    사진으로 우리는 그 당시의 기억을 꺼내 필름이 감기듯 떠올릴 수 있지만 시간이 지나면 내가 떠올리는 모습들이 머릿속에서 각색되기도 해요. 영상은 사진보다 그때의 기억을 더욱 정확하게 되살아나게 하죠. 물론 이 한 가지 이유만으로 영상이 좋다!는 것은 아니지만 저는 영상에 나오는 제 모습을 보며 평소 안 좋은 습관을 많이 알게 되었고, 고칠 수 있었어요. 물론 각 잡고 앉아 찍는 영상에서는 실수가 적은 편이지만, 그렇지 않은 일상 영상에서는 간혹 녹화 버튼을 누른지 모른 채로 행동하고 말하는 모습을 확인하면 가끔 아주 놀라곤 해요.

    영상으로 내 모습을 기록하면서 스스로가 완벽한 사람이 되었다고는 생각하지 않지만 좋은 사람이 되어 가고 있다고 여겨요. 주변 사람을 대하는 태도나, 깊게는 세상을 바라보는 시선이 달라지고 있다고 생각해요. 또 자신의 외면과 내면에 모두 집중할 수 있기에 나 자신을 알아가기에도 더 없이 좋은 방법이에요. 평범한 일상이라도 괜찮아요. 지금부터 브이로그로 당신의 이야기를 기록해 보세요.

First.

은밀한 광장

유튜브 시작하기 !

'은밀한 광장'에서는 본격적으로 유튜브를 시작하기 전에
준비해야 할 것들을 알아볼 거예요.
나만의 채널명을 짓고, 유튜브 전용 이메일과 유튜브 채널을 만
들고, 채널을 꾸미는 방법을 소개합니다.
아직 끝이 아니에요. 채널의 배너와 프로필 사진을 설정하고
기본 정보도 적어야 합니다. 이것저것 설정할 게 많아 어렵게
느껴진다면 차근차근 함께해 볼까요?

▶ 채널 이름 정하기

채널의 이름을 짓는 것은 유튜브를 시작하기 위한 첫 단계예요. 채널 이름이 나의 첫 인상으로 남기 때문이에요. 수많은 사람들이 활동하는 인터넷에서 우리의 이름은 쉽게 중복되기 때문에 흔한 이름으로 지으면 보는 사람들에게 깊은 인상을 줄 수 없을 뿐만 아니라 인식에 혼동을 줄 수 있어요. 어떤 이름이 좋은 이름인지 알아볼까요?

01 채널 이름은 나를 잘 표현할 수 있는 이름이자 사람들이 한 번 보면 쉽게 잊을 수 없는 이름으로 짓는 게 좋아요. 본명으로 해도 좋지만 검색 결과 상단에 뜨게 하려면 나만의 기호를 넣거나 다른 단어와 조합하여 만드는 것이 검색에 유리해요.

02 내 영상을 봐주었으면 하는 특정 국가가 있다면 그 나라의 언어로 채널 이름을 지어도 좋아요. 영어로 설정하면 어느 나라에서든 검색하기 쉽겠지만, 내가 영상에서 중국어로 말하고, 봐주었으면 하는 사람들이 중국어 사용자라면 채널 이름을 굳이 영어로 지을 필요는 없어요. 내가 원하는 시청자에게 익숙한 언어로 이름을 짓는 게 기억에 더 잘 남을 거예요.

> **참고** 채널 이름을 설정한 후에 이름을 바꾸고 싶다면 수정할 수 있어요. 하지만 어느 정도 구독자와 조회수를 가지고 있다면 예상하지 못한 이탈자가 생길 수 있으니, 처음에 신중하게 지어야 해요. 사소하게 느껴지지만 꽤나 중요한 포인트랍니다. 단어의 느낌만으로도 기분이 좋아지는 것이 있듯이 채널 이름도 깊게 생각해 보면 그렇거든요.

✦
저는 유튜브를 처음 접하고부터 외국인들의 채널을 즐겨 보아서인지 글로벌 매체라는 인상이 강했어요. 그래서 채널을 처음 만들 때 한국인뿐만 아니라 외국인과도 소통하고 싶어서 다른 채널명은 생각도 하지 못하고 초등학생 때부터 영어 이름으로 써왔던 'yulia(율리아)'로 지었어요. 채널 이름을 정하고 며칠이 지났지만 조회수나 구독자가 눈에 띄게 늘지 않더라고요. 그러다 문득 유튜브 검색창에 채널명을 검색해 보니 러시아 가수나 피겨 선수가 나왔고 제 영상은 쉽게 찾을 수 없었어요.

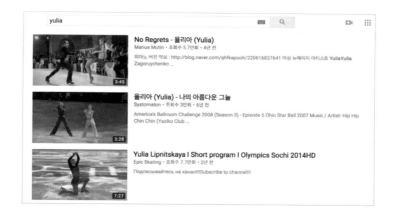

그래서 깨달았죠. 이곳에서 내가 조금이라도 더 눈에 띄려면 남들과 다른 무엇이 있어야겠구나! 메모장을 펴놓고 아는 단어를 총동원해 나열하고 인터넷에서 이런저런 단어를 검색해 보았어요. 그러다 우연히 'yesiamyulia'라는 이름이 떠올라 바꾸고 나니 검색 결과에 바로 제 채널이 나왔어요. 그 후로는 채널 이름을 기억해 주는 사람도 많아졌고, 띄어쓰기를 하지 않아서 그런지 이름에 관심을 갖고 봐주는 사람들이 많아졌어요. 이렇듯 흔하지 않은 단어나 나만의 단어를 만들어 사용하는 것도 좋은 방법이에요.

▶ 구글 아이디 만들기

유튜브 채널을 만들려면 먼저 구글 계정이 있어야 합니다. 원활한 유튜브 활동을 위해서는 기존 이메일을 사용하기보다 새로운 이메일을 만드는 것이 좋아요. 이왕이면 유튜브 채널명과 똑같거나 비슷하게 만들면 비즈니스 메일을 주고받을 때에도 더 편리하게 이용할 수 있어요. 단, 채널명과 같게 하려면 유튜브의 채널 이름을 먼저 생각해 두어야 합니다.

01 www.google.com으로 들어간 뒤 **로그인**을 눌러 주세요.

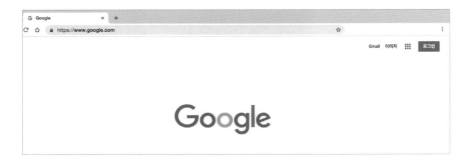

02 **계정 만들기**를 눌러 주세요.

03 유튜브에서 사용할 이름이나 본명을 적어 주세요. 사용자 이름에는 채널명으로 사용하고 싶은 이름을 적어 주세요. 모두 적었다면 **다음**을 눌러 주세요.

04 〔선택사항〕은 빈칸으로 두어도 괜찮아요. 나머지 칸들을 채워 주세요.

05 개인정보 보호 및 약관을 읽은 뒤 **동의**를 눌러 주세요. 동의를 누르지 않으면 가입에 제한이 생겨요. 이제 구글 계정이 만들어졌어요.

▶ 유튜브 채널 만들기

01 이메일 주소를 만들었다면 유튜브 사이트www.youtube.com로 들어간 다음
오른쪽 상단의 **로그인**을 눌러 주세요.

02 유튜브 활동용으로 만든 구글 이메일 주소
를 입력해 주세요.

03 창이 뜨면 유튜브에서 활동하기 위한 채널
이름을 입력한 뒤 **채널 만들기**를 눌러 주세요.

04 유튜브 메인 화면이 나오면 **내 계정** 아이콘을 누른 다음 **내 채널**을 눌러 주세요.

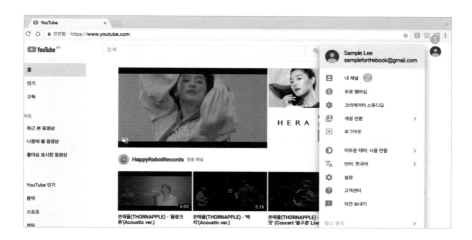

05 나의 채널 페이지가 나왔어요. 개설이 완료되었어요.

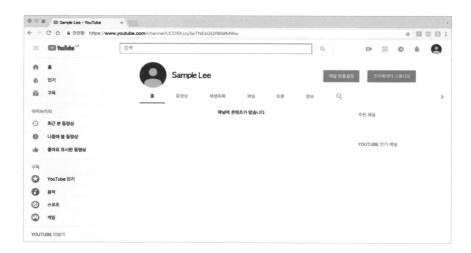

▶ 채널명 변경하기

열심히 고민해서 채널명을 정했어도 얼마 지나지 않아 마음에 들지 않을 수 있고, 또는 실수로 잘못 입력할 수도 있어요. 이럴 때는 채널명을 변경하면 된답니다. 변경하는 방법은 아주 간단해요. 단, 채널을 만든 다음 2주 동안은 얼마든지 변경할 수 있지만, 2주 뒤부터는 90일 동안 3번만 변경할 수 있어요. 또 채널명을 자주 변경하다 보면 구독자들에게 혼란을 줄 수 있으니 주의합니다!

01 유튜브 메인 화면에서 **내 계정** 아이콘을 누른 다음 **설정**을 눌러 주세요.

02 계정 화면이 나오면 Sample Lee **Google 프로필에서 수정**을 눌러 주세요.

03 수정 화면에서 바꿀 채널명을 입력하고 확인을 눌러 주세요. 저는 Sample Lee에서 Hello Youtube로 변경했어요.

참고 채널명을 이름과 성을 나눠서 입력하고 싶지 않다면 '이름' 칸에만 채널명을 쓰면 돼요. '성' 칸은 비워 놓아도 채널명을 변경할 수 있지만, '이름' 칸은 비워져 있으면 변경되지 않는답니다.

04 제대로 입력했다면 이름 변경을 눌러 주세요.

05 채널명이 바뀌었어요!

▶ 맞춤 URL 만들기

채널의 URL은 자신의 채널 이름을 그대로 사용하거나, 채널과 관련 있는 단어를 사용해 쉽게 떠올릴 수 있는 주소로 설정하는 것이 좋아요. URL을 설정해 두면 유튜브나 다른 매체를 통하지 않고 바로 인터넷 주소창에 URL을 입력해 들어올 수 있어 편리해요.

참고 URL은 영문을 사용해야 전 세계 어디서든 쉽게 들어올 수 있습니다. 한국어로 주소를 작성할 경우에는 한글이 입력되지 않는 키보드에서는 주소를 입력할 수 없어요.

01 유튜브 메인 화면에서 내 계정 아이콘을 누른 다음 **크리에이터 스튜디오로**를 눌러 주세요. 화면이 바뀌고 왼쪽 바에서 **채널**을 눌러 아래 화면이 나오면 **맞춤 URL** 박스의 '**여기**'를 누릅니다.

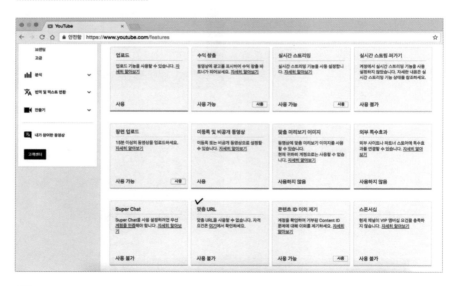

참고 유튜브 메인 화면에서 내 계정 아이콘을 눌렀을 때 크리에이터 스튜디오 대신 YouTube 스튜디오(베타)가 나온다면 YouTube스튜디오(베타)로 들어가 왼쪽 바에서 [설정]을 누르고 창이 뜨면 [일반]에서 기본 크리에이터 환경을 '크리에이터 스튜디오 이전 버전'으로 선택하고 저장을 눌러 주세요.

VLOG ☀ ☽

02 자격 요건을 확인해 주세요.

03 자격 요건에 충족이 된다면 사용을 눌러 주세요. 이제 내가 원하는 주소로 설정할 수 있어요.

▶ 프로필 사진 설정하기

yesiamyulia
구독자 110,842명

프로필 사진은 내 채널에 들르는 모든 사람들에게 중요한 인상으로 남을 거예요. 그렇다고 일부러 스튜디오에 가서 사진을 찍을 필요는 없어요. 그저 나를 잘 표현하는 이미지로 설정하면 사람들이 나를 기억하기도 쉽고 강한 인상을 줄 수 있어요.

저는 영상 속 이미지로 프로필을 설정해 두고 싶지 않았어요. 마침 영상에서 손 그림을 자주 그렸기 때문에 자화상을 프로필 사진으로 지정해 두었어요. 일상 채널에서는 영상에서 주로 등장하는 제 방처럼 노란빛이 도는 사진을 설정해 두기도 해요. 이렇게 운영하는 채널의 분위기와 사람들이 기억해 주는 이미지를 맞추다 보면, 프로필 사진과 내 채널을 같이 떠올리게 되는 시청자들이 많아지고 나만의 이미지가 자리 잡혀요.

01 프로필 사진을 설정하려면 유튜브 메인에서 내 계정 아이콘을 눌러 **내 채널**로 들어간 뒤, 프로필 사진 칸 오른쪽의 **연필**을 눌러 주세요.

VLOG ☼ ☽

02 눌렀다면 채널 아이콘 수정에 대한 알림창이 떠요. 이때 **수정**을 눌러 주세요.

03 사진 선택 창이 뜨면 **사진 업로드**를 눌러 주세요.

참고 이때 사진 사이즈는 800 × 800 픽셀로 정해서 디자인하거나 만들면 좋아요.

04 프로필 사진 파일을 불러와 원하는 크기에 맞게 조절한 후에 오른쪽 상단에 **완료**를 눌러 주세요.

05 모두 완료했다면 아래처럼 화면이 뜰 거예요. 유튜브가 구글에 소속되어 있기 때문에 구글에서 함께 정보도 변경돼요.

유튜브에 적용되는 데에는 시간이 걸리기 때문에 바로 수정이 되지 않아도 조금 기다리면 수정이 완료될 거예요.

06 수정이 완료되었다면 아래처럼 내가 지정한 프로필 사진이 뜰 거예요.

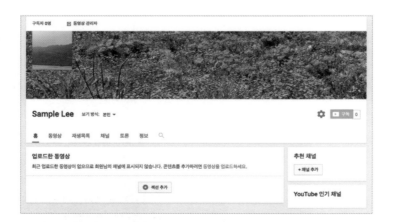

VLOG ☀ ☽

▶ 채널 아트 설정하기

채널 아트는 유튜브 프로필 사진이라고 볼 수 있어요. 채널 이름과 마찬가지로 나를 나타내 줍니다. 채널 아트를 설정할 때는 이미지를 유튜브에서 정한 크기로 제작하면 좋지만, 이 크기는 텔레비전의 최대 화면 크기에 맞춘 것이기 때문에 그보다 화면이 작은 기기에서는 사진이 한참 잘려 보여요. 이처럼 기기에 따라 사진에서 보이는 부분이 다르기 때문에 내가 쓰는 기기에 맞게 이미지를 조정합니다.

사이즈 : 2560×1440 픽셀
파일 크기 : 6MB

01 유튜브 메인 화면에서 **내 계정** 아이콘을 누르고 **내 채널**에 들어가면 아래 화면이 나와요. 여기서 **채널 맞춤 설정**을 눌러 주세요.

02 아래 화면이 나오면 채널의 배너와 프로필 사진을 설정할 수 있어요. **채널 아트 추가**를 눌러 주세요.

03 채널 아트 크기에 맞게 만들어 둔 사진을 불러와 주세요.

04 데스크톱, TV, 모바일에서 보이는 배너의 모습을 미리 보기로 확인한 뒤 사진
위치나 사이즈가 마음에 들지 않는다면 왼쪽 하단에 **자르기 조정**을 눌러 주세요.

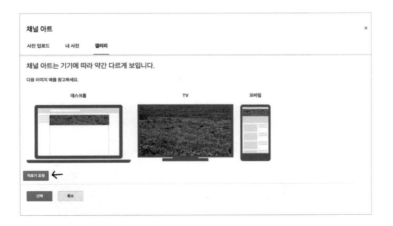

VLOG ☀ ☽

05 자르기 조정에서 내가 원하는 사이즈에 맞게 사진을 조정합니다. 조정했다면 왼쪽 하단에 있는 **선택**을 눌러 주세요.

참고 모든 기기에서 배너의 사이즈가 조금씩 다르기 때문에 내가 자주 활용하는 기기에 맞춰 사진을 조정하는 것이 좋아요.

06 배너 사진을 적용했어요.

▶ 기본 인사말 설정하기

기본 인사말은 내 유튜브 채널에서 정보를 눌렀을 때 볼 수 있어요. 나에 대한 정보를 쓰거나 내가 유튜브에서 해나갈 것들, 하고 싶은 것들, 내가 좋아하는 문구를 써두는 용도로 사용해요. 저는 어떤 채널을 구독하기 전에 꼭 정보를 확인해 봐요.

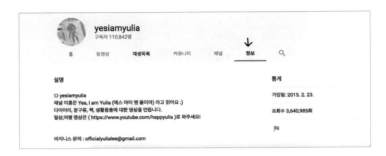

01 유튜브 메인 화면에서 오른쪽 상단의 내 계정 아이콘을 누르고 내 채널로 들어가 주세요.

VLOG ☼ ☽

02 채널을 처음 만들었다면 아래 화면이 나올 거예요. 채널명 아래에 **채널 설명**을
눌러 주세요.

03 채널 설명 아래에 기본 인사말을 입력할 수 있는 칸이 나와요. 여기에는 채널
에서 다룰 영상의 주제에 대해 써도 좋고, 나에 대한 정보를 써도 좋아요. 무엇이든
쓸 수 있고, 빈칸으로 두어도 돼요. 모두 입력했다면 **완료**를 눌러 주세요.

04 작성한 글은 내 채널의 정보에서 확인할 수 있어요.

lee seulgi

홈   동영상   재생목록   채널   토론   **정보**

설명

내일이 간직할 오늘 - yesiamyulia

VLOG ☀ ☽

▶ 채널 설정하기

채널을 개설하면 기본적으로 설정해야 하는 것들이 있어요. 영상을 올리는 데 필수로 해야 하는 것은 아니지만 더 많은 구독자를 모으기 위해, 또는 영상 업로드를 좀 더 편리하게 하기 위해 설정해 두면 좋아요.

01 유튜브 메인 화면에서 내 계정 아이콘을 누르고 **크리에이터 스튜디오**로 들어간 뒤 왼쪽 바에서 **채널**을 누르고 **업로드 기본 설정**을 눌러 주세요.

02 업로드 기본 설정에서는 영상을 올릴 때마다 매번 똑같이 기재되는 정보를 미리 입력해 둘 수 있어요. 저는 주로 영상 제목에 채널 이름을 함께 넣기 때문에 제목과 구분 지을 수 있는 특수 문자를 하나 넣고, 그 뒤로 채널 이름을 적어 둬요. 설명칸에는 가장 자주 사용하는 SNS 주소 또는 이메일 주소와 채널에 대해서 시청자가 알아주었으면 하는 것을 적기도 해요. 태그 칸에는 내 채널의 카테고리를 표현하는 단어를 써두면 좋아요. 예를 들어 일상을 다루는 채널이라면 **'일상, 일상브이로그, 브이로그, vlog'**와 같이 적는 거예요. 한 번 적어 두면 영상을 업로드할 때마다 적용되어 번거로움을 덜 수 있어요.

나의 소설

영상의 주제 정하고 기획하기 !

'나의 소설'에서는 촬영을 시작하기 전에 내가 어떤 분위기를
좋아하는지 알아본 다음, 영상의 주제를 정하고 기획하는 방법을 소개합니다.
평범한 일상 영상이라도 언제 어디서 무엇을 어떻게 찍을 건지
고민한 다음 촬영해야 헤매지 않아요.
사진이 단어라면 영상은 책 같아요. 사진이 그때를 떠올리게 도와주는
간단한 도구라면 영상은 그때로 데려가 주는 타임머신이에요.
하나의 영상은 한 권의 책처럼 그 시절 나의 이야기를 담고 있어요.
책 한 페이지를 읽었다고 모든 내용을 알 수 없듯이 영상도 마찬가지예요.
지금의 나를 기록해 보세요. 미래에 떠올린 지금의 나는 어떤 모습을 하고
있었는지, 어떤 생각을 하고 있었는지, 내 이야기를 시작해 보세요.

▶ 온전한 내 모습 찾기

학생 시절에 저는 다이어리나 노트 또는 늘 가지고 다니던 전자사전이나 핸드폰에
하루 일과를 기록하거나 감정에 대해서 기록했어요. 블로그 시스템을 알고 난 뒤에
는 각종 포털 사이트의 블로그를 활용해 글에 맞는 사진을 첨부하며 기록해 왔고요.
이렇듯 사진이나 글로도 충분히 나를 표현할 수 있었지만 유튜브 영상은 완전히 다
르게 다가왔어요. 보정과 수정이 편리해 누구나 쉽게 꾸며 낼 수 있는 사진과 일상
을 기록하는 브이로그 영상은 달라요. 나의 모습을 쉽게 바꿀 수 없으며 내가 아닌
나를 기록하는 것은 꽤나 어려운 일이 될 거예요. 영상 속의 내가 어떤 모습이든 그
게 곧 내가 된다는 이야기예요.

때로는 멋진 모습만 영상에서 보여 주고 싶은 생각이 들 수도 있어요. 사람들에게
잘 보이고 싶은 마음에 과장되거나 지어낸 모습을 연출하다 보면 결국 내가 만든
가짜 모습을 이어가기 지쳐 그만두거나, 본모습을 잃어버리게 될지도 몰라요. 그러
므로 나는 어떤 사람인지, 내가 좋아하는 것은 무엇인지 아는 것이 중요해요. 아래
질문에 차근차근 답을 달아 보세요.

---

❶ 특별히 좋아하는 영화에는 어떤 영상미가 있나요?

---

❷ 여러 번 꺼내 보아도 좋은 자신의 사진이 있다면, 그 속의 나는 어떤 모습
인가요?

---

❸ 좋아하는 것과 싫어하는 것을 나누어 볼까요?

---

❹ 우울할 땐 주로 뭘 하나요?

✦

저는 보기 좋은 것을 좋아해요. 혼자 집에서 음식을 해 먹을 때도 예쁘게 그릇에 담아서 먹는 게 좋아요. 사진을 찍을 때면 자연스러운 모습이 좋지만 자연스럽게 멋져 보이는 사진이 좀 더 좋고요. 일기를 쓸 때도 스티커를 붙이며 꾸미거나 글씨를 공들여 쓰기도 해요.

반면에 침대에 누워 늑장 부리는 것도 좋아해요. 음식이 눈앞에 있으면 허겁지겁 먹기도 하고요. 우스꽝스러운 사진을 찍는 것도 좋아해요. 우울한 날에 일기는 글씨를 알아볼 수 없을 정도로 날려 쓰기도 해요.

여러분은 자신의 어떤 모습이 떠올랐나요? 다양한 상황에 따라 다양한 모습이 있겠지만, 이런 나도 저런 나도 다 내 모습이에요.
모든 모습을 보여 주지 않아도 괜찮아요. 더 발전시키고 싶은 내 모습이나 사람들에게 보여 주고 싶은 내 모습을 기록하고 공유하면 나의 소설에서 주인공의 이미지가 뚜렷해질 거예요.

내가 좋아하는 것	내가 좋아하지 않는 것
깨끗한 침대 새 다이어리 문방구 스티커 카메라 에세이 편안한 옷 스니커즈 뜨거운 차	지저분한 방 번진 잉크 가격에 비해 질이 좋지 못한 옷이나 소품 식은 차 정갈하지 않은 것

▶ 영상의 주제 정하기

영상을 촬영하기 전에 먼저 영상의 주제를 정해야 해요. 아무런 주제도 담고 있지 않은 영상은 조금 밋밋해 보일 수 있기 때문이에요. 일상 영상이라도 오늘은 말을 많이 하는 영상을 찍는다거나, 풍경을 많이 담은 영상을 찍는다거나, 조금씩 주제를 정하고 촬영해야 원하는 결과물에 가까워질 수 있어요. 주제를 그때그때 추상적으로 떠올리기보다는 영상에서 하나의 소재를 정해서 촬영하면 주제가 더 명확해지겠죠? 영상 소재를 찾으려면 평소에 내가 관심을 가지고 있는 것에 대해서 알아야 해요.

"장소에서 소재 찾기"

❶ 집

방 청소하기, 다이어리 꾸미기, 문구류 소개하기

소재를 찾기 위해서는 내가 주로 활동하는 공간을 파악하는 게 좋아요. 저는 활동하는 공간이 정해져 있다 보니 대부분 정해진 공간에서 정해진 패턴으로 영상을 촬영하게 돼요.

집에서는 주로 방의 구조를 바꾸거나 청소하는 영상, 다이어리를 꾸미는 데 필요한 문구류를 사고 하울° 영상을 찍거나 함께 꾸미는 영상을 찍기도 해요. 만약 내가 주로 활동하는 공간이 학교라면 공부하는 영상 등 또 다른 소재를 찾을 수 있어요. 자신에게 알맞은 소재를 찾아보세요.

°하울ʰᵃᵘˡ 쇼핑을 한 뒤 구매한 상품들을 보여 주고 리뷰하는 영상

VLOG ☀ ☽

❷ 밖

카페 가기, 데이트하기, 산책하기

밖에서는 주로 무엇을 하나요? 저는 늘 가는 카페에서 다양한 음료를 시도해 보기도 하고, 그날의 카페 모습을 기록하기도 해요. 데이트를 할 때는 음식점에서 먹는 장면을 찍기도 하고, 남자친구랑 나란히 걷는 발을 찍기도 해요.

처음부터 소재를 정해 두고 찍지 않아도 하루를 영상으로 기록하는 일이 잦아지다 보면 나만의 규칙이 생기기도 해요.

VLOG ☀ ☽

"관심사에서 소재 찾기"

장소로 소재를 나눌 수 있듯이 관심사로도 소재를 정할 수 있어요. 평상시에 요리를 좋아하거나 게임을 즐겨 하거나 등산을 자주 다닌다면 그게 곧 소재가 될 수 있어요. 저는 제 생각을 담은 영상이나 취향을 담아 다이어리를 꾸미는 영상을 만들기도 하고, 노래를 부르는 영상을 만들기도 해요.

하나의 소재를 다루면 나만의 이미지가 확실히 정해져서 좋지만 어떤 것을 해야 할지 모를 때는 내가 관심을 갖고 있는 것들을 두루두루 다뤄도 좋아요.

❶ 책 리뷰

❷ 소품

❸ 여행

▶ 영상 기획하기

영상의 소재를 찾았다면 기획을 해야 돼요. 기획이 필수는 아니지만, 기획하고 촬영하면 조금 더 순조롭게 진행되거든요. 영상을 기획할 때는 찍을 영상의 주제와 사용할 장비들을 적고, 만들고자 하는 영상의 분위기를 간단하게 적어 둡니다. 영화나 드라마를 촬영하는 것과 같이 **콘티뉴이티°**를 미리 짜두는 것과 비슷하다고 할 수 있어요. 개인적으로 소소하게 만드는 영상일 경우에는 세세하게 작성하지 않아도 괜찮고 부담을 느낄 필요도 없어요.

───────────

°**콘티뉴이티**^{continuity} 촬영을 위해 필요한 모든 사항들 카메라 구도, 소품, 대본, 화면의 비율 등을 아주 세세하게 기록한 것

continuity	
영상 주제	
예상 업로드 날짜	
예상 영상 길이	
보이스 오버 or 토크 영상	
소품 리스트	

✦
저는 유튜브를 처음 시작했을 때 늘 가지고 다니던 기획 노트에 촬영하고자 하는 영상의 주제, 예상 업로드 날짜, 예상 영상 길이, 영상에서의 말하기 방식, 노출될 소품의 리스트 등을 적었어요. 이렇게 기획 노트를 가지고 촬영하면 좋은 점은 적어둔 것을 토대로 촬영하기 때문에 나중에 확인했을 때 빠뜨리는 것이 없다는 거예요. 기획을 하지 않고 즉흥적으로 촬영을 하다 보면, 편집을 시작하고 나서야 빠뜨린 부

분을 발견해서 다시 촬영하게 되는 경우도 있고 해당 영상의 **클립**°들을 다 삭제해
버려야 할 때가 있거든요. 촬영이 익숙하지 않거나 기억력이 좋지 않다면 핸드폰에
간단하게라도 메모를 해두는 편이 좋겠죠?

°**클립**^{clip} 한 영상이나 장면에서 일부분을 잘라낸 것

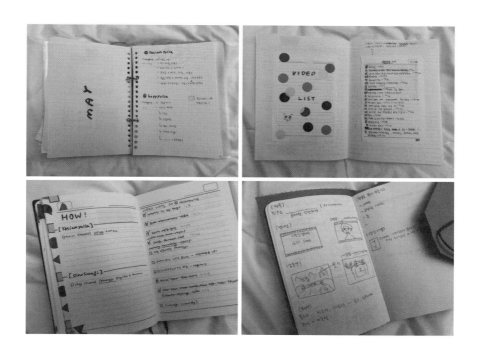

참고 일상 영상을 촬영할 때도 촬영 전에 머릿속에 순간적으로 떠오른 아이디어들을 핸드폰
메모장이나 다이어리에 적어 두고 계속 되뇌는 편이에요. 매일같이 반복되는 행동을 촬영할
때 특히 많이 고민해요. 계속 같은 장면을 넣다 보면 나의 트레이드마크가 될 수도 있지만 때
로는 지겹게 느껴질 수도 있거든요.

표현의 종류

여러 가지 방법으로 촬영하기 !

'표현의 종류'에서는 촬영 장비와 소품을 소개하고
촬영을 준비하는 과정과 다양한 카메라 구도를 알아볼 거예요.
촬영을 준비하는 시간도 꼭 필요한 시간이에요.
즉흥적으로 만드는 영상도 좋지만 준비 시간을 철저히 갖고 촬영을 하면
영상의 질이 조금 더 나아지거든요. 촬영하는 영상의 주제에 따라
내가 표현하고 싶은 방식을 생각해 보고 어떤 것을 미리 준비해야 하는지,
준비가 되었다면 어떻게 촬영해야 하는지 이야기합니다.

▶ 촬영 장비 정하기

저는 영상에서 사용하고 싶은 장비들에 대해서도 많이 생각하는 편이에요. 영화같이 아웃포커스가 진하게 들어간 영상을 만들고 싶을 때는 꼭 삼각대와 카메라를 사용하려고 하고, 빈티지하면서 자연스럽고 무난한 느낌을 낸 영상을 만들고 싶을 때는 핸드폰 카메라를 사용하기도 해요. 이렇게 그날그날 찍고 싶은 영상에 따라서 사용하면 좋을 카메라를 미리 생각해 두면 나중에 촬영을 했을 때 만족스러운 결과가 나오더라고요!

❶ 캐논 g7x mark2

국내외 유튜버들이 많이 사용하는 컴팩트 디지털 카메라예요. 제가 이 카메라를 다섯 개나 사용했을 만큼 브이로그에 아주 최적화되어 있어요. 사이즈가 아담해 한 손에 들기 쉽고, 손 떨림 방지 기능이 뛰어나서 움직임을 많이 담아내는 영상을 촬영할 때 좋아요.

❷ 캐논 m100

미러리스 카메라예요. DSLR보다 가벼우면서 렌즈를 다양하게 바꾸며 촬영할 수 있다는 장점이 있어요. 어떤 렌즈를 사용하느냐에 따라 영상의 느낌이 달라지기 때문에 조금 더 전문적인 영상을 찍고 싶지만 무거운 카메라는 싫은 분들이 사용하면 좋아요.

❸ 소니 rx100m5a

'캐논 g7x mark2'과 같이 컴팩트 디지털 카메라예요. 사이즈가 작기 때문에 역시 한 손에 들고 촬영할 때 적합해요. 카메라에서 여러 가지 필터 효과를 적용할 수 있어 영상 편집할 때 색감 보정이 어렵거나 귀찮은 분들이 사용하면 좋아요. 손 떨림 방지 기능이 조금 아쉽지만 영상의 깊이가 DSLR의 단렌즈로 촬영한 영상 못지않은 정말 좋은 카메라예요.

VLOG ☼ ☽

④ 아이폰8

가벼워서 언제든 찍고 싶은 장면을 찍을 수 있어요. 빈티지한
영상 느낌을 낼 수도 있고요. 촬영하고 파일을 옮기지 않아도
어플로 바로 편집할 수 있어 편리해요. 대신 카메라에 비하면
화질이 좋지 못하고, 마이크의 성능이 떨어져요.

✧

영상을 담을 수 있는 카메라의 종류는 정말 다양해요. 캠코더, 핸드폰, 디지털 카메
라, DSLR, 액션캠, 노트북 내장 카메라 등이 있어요. 여기서 자신의 스타일에 가장
잘 맞는 카메라를 찾아서 쓰는 것이 좋아요. 카메라와 내가 잘 맞는지 알려면 최대
한 많은 카메라를 사용해 봐야 해요. 하지만 실제로는 많은 카메라를 사용해 볼 기
회가 별로 없기 때문에 카메라를 판매하는 오프라인 매장 여러 곳을 방문해 보는
것을 추천해요. 매장에 찾아갈 여건이 안 된다면 인터넷 포털 사이트에 사람들이 남
긴 리뷰를 찾아보면 도움이 될 거예요.

저는 처음 유튜브를 시작했을 때 아이폰으로 촬영했어요. 뷰티 영상도 핸드폰으로
찍었는데 처음이다 보니 장비 욕심이 생겨서 DSLR 카메라를 구매했어요. 캐논 제
품으로 보급형이고 저렴했지만, 화장품의 색감도 훨씬 잘 잡아 주고 피부 표현도 잘
되었어요. 그 이후에도 캐논 제품들이 잘 맞아서 다른 걸 쓰다가도 캐논 제품으로
다시 돌아오게 되더라고요. 카메라나 핸드폰도 기종에 따라 색감과 느낌이 전부 다
르기 때문에 이것저것 따져보며 자신과 가장 잘 어울리는 느낌의 카메라를 고르는
것이 중요해요. DSLR은 어떤 카메라보다도 화질이 좋지만 무겁기 때문에 평상시에
쓰기에는 활용성이 떨어져요. 아무래도 일상생활을 영상으로 기록하려면 작고 가
벼운 사이즈가 편리하더라고요. 카메라는 가격에 부담이 있기 때문에 적당한 품질
의 중고품을 저렴하게 구매해 사용해 보고 욕심이 생길 때 장비를 업그레이드해도
괜찮아요. 이런저런 시도를 해보고 나와 가장 잘 맞는 장비를 찾아가는 것도 유튜브
를 하면서 느끼는 재미랍니다.

▶ 촬영 소품 정하기

카메라가 준비되었다고 해도 아직 끝이 아니에요. 몇 가지 촬영 소품을 더하면 더 만족스러운 영상을 촬영할 수 있거든요. 촬영 소품은 삼각대나 조명, 마이크 등이 있고, 영상의 주제에 따라 필요한 소품이 달라져요. 여기서는 가장 기본적이고 자주 쓰이는 삼각대를 위주로 소개합니다.

"삼각대"

삼각대는 촬영할 때 원하는 구도를 맞추고, 흔들림 없는 영상을 촬영할 수 있게 도와줘요. 다리가 긴 삼각대는 앉아 있거나 서 있는 모습 전체를 촬영할 때 주로 사용해요. 대신 휴대하기 불편해서 이동이 편리한 곳이나 실내에서 사용해요.
일상 촬영에서 가장 많이 사용하는 삼각대는 컴팩트한 사이즈로 가방에 쏙 들어가는 고개만 조절할 수 있는 삼각대예요. 바닥에 카메라를 그냥 두는 것보다 안정적으로 촬영할 수 있을 뿐만 아니라 카메라에 흠도 덜 생기기 때문에 촬영할 때는 삼각대를 꼭 들고 다녀요. 나의 촬영 스타일에 맞게 삼각대를 골라 보세요.

❶ 다이소 삼각대

다이소에서 저렴한 가격에 구매할 수 있어요. 다이소에서 여러 가지 삼각대를 써봤지만 저는 이 삼각대에 가장 손이 많이 가더라고요. 삼각대와 핸드폰 거치대가 함께 들어 있어서 핸드폰과 카메라에 모두 사용할 수 있어요. 다만 지탱하는 힘이 약해 핸드폰이나 컴팩트 디지털 카메라용으로 적합해요.

❷ 맨프로토 삼각대

사이즈는 작지만 굉장히 튼튼하고 묵직한 삼각대예요. 높낮이를 조절할 수는 없지만, 휴대하기 좋고 DSLR을 거치할 수 있어서 좋아요.

VLOG ☀ ☽

❸ 올림푸스 삼각대

카메라를 사고 사은품으로 받았던 정말 오래된 삼각대예요. 이런 디자인의 삼각대는 보통 1만 원대로 쉽게 구할 수 있어요. 핸드폰, 디지털카메라, DSLR, 미러리스 등 다양한 카메라를 거치할 수 있어요.

❹ 하이메이드 삼각대

DSLR이나 무게가 많이 나가는 미러리스 카메라에 사용하기 좋은 삼각대예요. 전체 길이를 늘리면 유치원생 키 정도로 높아져요. 의자에 앉아 있는 모습도 편하게 촬영할 수 있고, 튼튼해서 책상 위에 올려두고 책상을 정면으로 바라보게 하는 항공샷 구도로 찍기 좋아요.

"조명"

조명은 일상 영상에서 자주 사용하는 편은 아니지만, 광량이 매우 적은 실내에서 촬영하거나 색감을 정확하게 표현하고 싶은 영상에서는 꼭 사용합니다. 조명을 사용하면 인물이 주된 영상에서는 피부가 좀 더 깨끗하고 선명하게 나와 집중이 잘되고, 소품이 주된 영상에서도 마찬가지로 군더더기 없이 깔끔하게 소품을 보여 줄 수 있어요. 전문적인 조명은 고가의 제품이 많기 때문에 집에서 쓰는 무드 등이나 스탠드 조명을 사용해도 괜찮아요.

❶ 소프트박스

제품을 촬영할 때 많이 쓰는 조명이에요. 조명 크기가 크고 전구를 넣어서 사용해야 하기 때문에 일상 영상을 찍기에는 조금 불편할 수 있어요.

❷ LED 링라이트

뷰티 영상을 촬영할 때 많이 쓰는 조명이에요. 링 안에 카메라를 설치해서 사용하기 때문에 따로 삼각대를 쓰지 않아도 돼 편리해요.

▶️ 촬영 준비하기

영상의 주제를 정하고, 간단한 기획을 하고, 카메라와 소품까지 준비했나요? 그럼 이제 영상의 주제에 맞게 장소를 정해 보세요. 일상을 촬영한다면 장소는 학교, 집, 회사, 카페, 도서관 등 다양할 거예요. 일상 영상은 생활하는 모습을 담기 때문에 촬영 장소에 대한 부담이 별로 없어요. 적합한 장소를 찾았다면 카메라를 알맞은 위치에 두고 촬영을 시작해 보세요.

> 집에서 주로 일하고 생활하는 분들은 자신의 집이나 동네의 정보가 노출되지 않게 주의합니다!

01 방에서 식사를 하면서 촬영하려고 준비한 모습이에요. 삼각대가 없을 때는 주로 평평한 물건 위에 올려 두고 촬영해요. 이번에도 책이나 노트를 쌓아 두고 정면에서 촬영했어요.

02 토크 영상을 촬영하기 전 모습입니다. 토크 영상은 대부분 한자리에 앉거나 서서 촬영하기 때문에 카메라를 삼각대에 고정시키고 적절한 위치에 설치해 놓아요. 광량이 적은 실내거나 밤이라면 조명을 사용하기도 해요.

참고 저는 집에서 촬영할 경우에는 포근한 분위기가 나는 것을 좋아해 노란 조명을 은은하게 켜 두고, 암막 커튼을 닫고 촬영해요.

VLOG ☀️ 🌙

02 책상에 앉아 다이어리를 쓰는 장면을 촬영하는 모습이에요. 다이어리 영상에서는 문구류를 늘어놓고 필요할 때 바로 손을 뻗어 쓸 수 있게 촬영하는 편이라 장소가 조금 지저분해 보이지만, 영상에서는 꽤 예쁘게 나온답니다!

삼각대는 한 뼘 정도 되는 작은 것으로 필기하지 않는 손 근처에 두고 촬영해요. 이렇게 해야 손으로 카메라 렌즈를 막지 않고 촬영할 수 있어요.

참고 여기서 사용한 삼각대는 소니 액션캠 전용 '슈팅 그립'이라는 제품이에요. 맨프로토 삼각대와 높이가 비슷해요.

참고 메이크업 영상도 마찬가지로 제품을 미리 꺼내서 준비해 두어야 촬영할 때 막힘없이 사용할 수 있어요. 책을 읽고 리뷰하는 영상이라면 책을 몇 권이든 끝까지 읽고 이해하는 것이 중요하기 때문에 촬영하기까지의 준비 시간이 꽤 걸리는 편이에요.

▶ 카메라 구도 설정하기

브이로그에서는 풍경이 중심이 되기도 하고, 얼굴이나 손, 발처럼 내 일부분이 중심이 되기도 해요. 내가 어떤 것을 중점으로 담는지에 따라 또는 상황에 따라 구도가 달라져요. 이런 기법들은 처음부터 알기는 어렵기 때문에 많은 연습과 시도를 해보면서 나에게 맞는 구도를 찾아 익혀 보세요. 다른 유튜버의 영상을 참고하는 것도 촬영 기술을 업그레이드하는 데 좋은 방법이 될 거예요.

❶ 풍경 중심
풍경이 중심이 되는 구도는 인물과 풍경이 적절한 비율로 어우러져 있어야 보기 좋아요. 인물의 비율이 풍경을 해치지 않을 만큼 차지하면서 실루엣을 뚜렷하게 알 수 있어야 합니다.

❷ 셀프 카메라

얼굴을 위주로 촬영할 때는 화면에 잘 나오는 얼굴을 주로 촬영하는 편이에요. 사람들에게 보여 주는 영상인 만큼 잘 나오고 싶고 나중에 다시 보아도 좋은 모습이었으면 좋겠거든요.

화면에 더 잘 나오는 얼굴의 각도를 찾으려면 셀카를 다양한 각도에서 촬영해 보세요. 매일 같은 얼굴이더라도 카메라에 녹화된 모습은 다르게 느껴질 수도 있어요. 그날그날 잘 나오는 각도를 찾아서 촬영해 두면 나중에 녹화된 영상 클립들을 버리지 않고 활용할 수 있어요. 작은 팁이랍니다.

찡긋

❸ 상반신

상반신을 촬영할 때는 배꼽으로부터 5센티미터 위에서 머리까지 촬영하는 편이에요. 가끔은 얼굴이 나오지 않게 목에서 영상을 자르는 경우도 있는데 그럴 경우 조금 답답해 보이기도 해서 배경이 많이 보이도록 카메라를 더 먼 곳에 떨어뜨려 둔 후에 촬영해요.

❹ 손 클로즈업

손을 클로즈업할 때는 하고 있는 일을 보여 주는 것이 포인트예요. 무슨 일을 하고 있는지 모르게 손의 움직임만 담는다면 심심하고 의미 없는 영상이 될 거예요. 이때 카메라는 움직이는 손 반대편에 두어야 손이 카메라 렌즈를 가리지 않아요.

⑤ 발 클로즈업

항상 외출할 때 신은 신발을 기록해요. 카메라를 발 앞에 내려 두고 신발 신는 모습을 정면에서 찍기도 하고, 길을 걷는 모습을 위에서 아래로 찍기도 합니다.

간혹 손 떨림 방지가 되지 않는 카메라를 사용하거나, 움직임이 너무 많아 영상이 흔들려서 찍힌 적이 있다면 카메라에 줌을 적용하지 않고 찍어 보세요. 줌을 당겨 촬영하면 움직임이 조금만 있어도 아주 크게 흔들리거든요. 줌 하지 않고 찍으면 밋밋하거나 휑해 보일 수 있지만, 영상을 편집할 때 화면의 크기를 원하는 만큼 확대해 주면 흔들림이 적을 거예요.

❻ 사물 중심

사물의 구도를 잡을 때는 카메라를 이쪽저쪽으로 옮겨 보며 배경이 너무 부각되지 않으면서 보여 주고 싶은 사물이 예쁘게 나오는 비율을 잘 찾아야 해요. 단, 사물을 화면에 꽉 차게 촬영할 경우 영상이 답답해 보일 수 있으니 조금 거리를 두고 촬영하는 게 좋아요.

⑦ 음식 클로즈업

음식의 구도를 잡을 때는 어떤 음식인지 정확히 보이도록 카메라를 정면으로 두기
보다 살짝 위에서 찍어 주면 좋아요.

요리하는 장면에서는 카메라를 정면으로 두고 찍는 구도도 괜찮아요.

겉에서 내용물이 보이지 않는 음식은 전체적인 모습과 더불어 음식의 안쪽도 보여
주세요.

음식에 포인트가 되는 부분이 있다면 그 부분을 클로즈업해서 촬영해도 좋아요.

음식 구도를 잡을 때는 주변을 깔끔하게 정돈해 주세요.

▶ 좋아하는 영화 참고하기

영상 촬영에 어려움을 느끼는 분들로부터 '구도는 어떻게 잡아야 하나요?'라는 질문을 많이 받았어요. 영상을 배운 적이 없고, 전문가가 아니기 때문에 꼭 짚어서 '이렇게 하세요!' 하고 전수할 수 있는 비법은 없지만, 도움이 되었던 방법은 좋아하는 영화를 몇 번이고 반복해서 보는 거예요. 영상뿐만 아니라 사진, 혹은 만화책이라도 촬영하는 영상의 구도를 잡는 데 많은 아이디어를 받을 수 있어요.

❶ little forest 夏·秋, 冬·春 리틀포레스트 여름·가을, 겨울·봄

주로 음식을 하거나, 일상생활을 하는 장면으로 구성된 영화예요. 안정감 있는 구도와 실제로 같은 곳에 있는 것처럼 느껴지는 구도가 많이 보이는데요. 특히 요리하는 장면에서 사운드의 생생함이 아주 좋았던 영화예요. 영상에는 진한 보정이 들어가지 않고, 차분하고 따스하면서도 사계절의 색감과 분위기가 잘 살아 있어요.

❷ かもめ食堂 카모메 식당

일본 영화 특유의 분위기를 느낄 수 있는 영화예요. 활기차고 복작복작한 영상이 아닌 조용하면서도 차분하고 깔끔한 영상이 주를 이뤄요. 저는 조용한 일상 영상이나 잔잔하면서도 생기 있는 짧은 영상을 촬영할 때 구도를 참고하기도 해요. 또는 영화에서 소품을 활용하는 것을 눈여겨보기도 하고요.

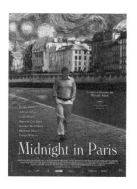

❸ Midnight in Paris 미드나잇 인 파리

영상미가 뛰어난 영화라서 색감이나 구도를 참고하기에 좋아요. 특히 내 모습이 아닌 타인의 모습을 촬영할 때 참고하면 좋은 구도들이 많이 나와요. 여러 사람이 나오는 브이로그나, 활기차면서도 감성적인 영상, 색감이 예쁜 영상을 찍고 싶을 때 참고해 보세요.

참고 카메라 구도를 잡기가 어렵다면 잘 찍고 싶다는 부담을 내려놓고, 좋아하는 사진이나 영상을 참고해서 그대로 촬영해 보세요. 다른 영상을 보며 이렇게 저렇게 찍다 보면 다음 영상을 찍을 때 좋았던 구도가 자연스레 떠오를 거예요.

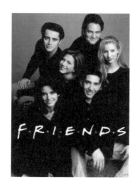

❹ FRIENDS 프렌즈

영상미가 뛰어나거나 색감이 독특한 영상은 아니지만, 10년 동안 방영한 드라마인 만큼 모든 시즌을 본다면 드라마 속 캐릭터들의 성장과 변화를 볼 수 있어요. 유튜브 영상을 나만의 드라마라고 생각해 보세요. 현재를 기록하고, 10년이 지난 후 과거의 모습을 돌려 본다고 생각하면 기록의 의미가 새롭게 다가올 거예요.

▶ 촬영하기

❶ 장면 장면 나누어 촬영하기

촬영할 때는 하나의 영상 클립으로 이어서 찍을 수도 있지만, 편집을 편하게 하기
위해서 장면마다 나누어 촬영하는 방법도 있어요. 일상 영상에서는 후자를 적용하
는 경우가 많아요. 관찰 카메라처럼 24시간 생활하는 모습을 촬영하는 것이 아니
라 순간순간 기록하고 싶은 장면만을 촬영하다 보니 클립의 수가 꽤 많겠죠? 토크
영상이라면 말실수를 해도 계속 진행하기도 하지만 일상 영상은 수십, 수백 개의
클립들이 있어요.

영상을 얼마나 찍어야 하는지 모르겠다면 최대한 많이 찍는 것
이 중요해요. 같은 장면을 많이 찍기보다 다양한 장면을 담아
내야 나중에 편집할 때 선택할 수 있는 클립의 폭이 넓어져 편
집이 재밌기도 하고, 쓸 수 있는 장면이 많이 나올 거예요.

> 일상 영상의 클립은 개당 1초에서
> 3분 정도 되는 게 많고, 토크 영
> 상은 2분에서 2,3시간짜리 클립
> 이 나오기도 해요.

△ 일상 클립

△ 토크 클립

❷ 메인 촬영과 서브 촬영

촬영은 메인 촬영과 서브 촬영으로 나눌 수 있어요. 서브 촬영은 일상 영상에서 자주 사용하지는 않지만, 특정 영상에서 언급한 제품들을 따로 촬영하여 영상에 첨부하는 등 참고 영상으로 쓰여요. 참고로 넣을 영상이 많을수록 서브 촬영을 하는 시간이 오래 걸리겠죠?

△ 메인 촬영

△ 서브 촬영

일상 영상은 잠자는 시간을 뺀 나머지는 촬영을 하며 보낸다고 봐도 무방해요. 일상 영상은 따로 촬영 시간을 정하지 않고 찍기 때문에 아침에 일어나서 이불을 정리하고, 씻고, 옷을 갈아입고, 밥을 먹는 것으로 시작해 잠들기 전 편집을 하거나 일기를 쓰며 하루를 마무리하기까지의 과정을 찍어요. 물론 카메라를 24시간 켜놓지는 않아요. 원하는 시간에 원하는 상황을 담지만, 촬영하지 않을 때도 늘 찍을 준비를 하고 마음속으로 생각하고 있거든요. 그렇기 때문에 영상 촬영을 하지 않아도 하루 종일 촬영하는 기분이 들기도 해요.

산책하는 것처럼

영상 편집하고 업로드하기 !

'산책하는 것처럼'에서는 나만의 감성을 찾는 것부터 알아보고
그것을 토대로 편집하고 영상을 업로드하는 법까지 다룰 거예요.
먼저 '프리미어 프로' 프로그램과 어플로 영상을 편집해 보고,
영상에 어울리는 썸네일도 함께 만들어 봅니다.
산책을 할 때면 익숙한 길을 걷기도 하고 새로운 길을 걷기도 하고,
날씨가 화창할 수도 우중충할 수도 있어요. 똑같은 산책이 없는 것처럼
하나의 영상 속에서도 다양한 볼거리를 만들어 저마다 다르게
편집해 보세요.

▶ 나만의 감성 찾기

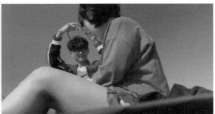

유튜브에는 정말 많은 채널이 있지만, 저마다 스타일과 분위기가 달라요. 많은 분들이 유튜브를 시작하기 전에 나만의 무언가가 있어야 할 것 같다며 겁을 먹곤 해요. 그래서인지 나만의 감성을 찾기 위해서는 어떻게 해야 하냐는 질문도 많이 받았어요. 저도 유튜브를 처음 시작했을 때부터 지금까지 고민하는 주제예요. 나만의 감성을 찾는 것은 그렇게 어렵지 않지만, 그것을 발전시키고 유지하고 꾸준히 즐기려면 더 많은 노력이 필요하거든요.

나만의 스타일, 나만의 감성, 나를 표현할 수 있는 분위기를 찾는 방법은 간단해요. 나 자신을 잘 알면 되는데요. 어떻게 알 수 있을까요? 바로 평소 나의 사진 찍는 스타일을 살펴보는 거예요. 아래 질문을 따라 살펴보면 좀 더 쉽게 찾을 수 있어요.

❶ 평소에 어떤 구도로 사진을 찍나요?

❷ 내 사진에서 주인공이 되는 것은 무엇인가요?

❸ 내가 좋아하는 색감과 밝기는 어떤가요?

❹ 찍은 사진들이 정적인가요, 동적인가요?

계절에 따라 달라지지만 저는 보통 대비와 채도가 낮은 흐릿하고 따스한 색감을 좋아해요. 이런 사진 스타일이 대부분의 영상에 반영돼요. 그래서 구독자분들은 제 영상이 따뜻하고 노란 색감이 돈다는 것을 한 번에 알 수 있어요. '나만의 색감은 이거야!' 하고 고르지 않아도 좋아하고 즐겨 사용하는 색을 많이 노출하다 보면 곧 나만의 색을 표현할 수 있어요.

하나의 색만 써야 하냐면 그건 아니에요. 저는 주로 봄, 여름, 가을에 따뜻한 색감의 옷을 입고, 따뜻한 색감의 침구를 사용하고, 밝은 사진을 찍다가 겨울이 되면 차갑고 푸른빛이 도는 색감을 많이 찾아요. 어두운 옷을 많이 입고, 사용하는 물건들도 어두운 색이 많아져요. 영상에서는 평상시 내가 사용하고 즐기는 것들이 그대로 반영되기 때문에 계절에 따라 다른 감성이 나올 수도 있어요.

이런 모든 것들이 나만 가질 수 있는 '나만의 감성'은 아니에요. 누구나 할 수 있고, 즐기는 것들이니까요. 하지만 모든 사람마다 각자의 분위기가 있어 조금씩은 달라 보이죠. 그렇기 때문에 내가 좋아하는 유튜버의 영상을 주의 깊게 봐둘 필요가 있어요. 어떤 사람을 좋아한다면 그 사람은 나와 많이 닮았거나, 내가 닮고 싶은 모습을 하고 있을 거예요. 그들의 영상을 보고 풍경은 어떻게 표현하는지, 음식은 어떻게 표현하는지 등을 참고해 이렇게 저렇게 영상을 만들다 보면 점차 나만의 감성이 담긴 영상을 만들 수 있을 거예요.

▶ 편집하기

편집할 때는 주로 노트북을 사용하지만 핸드폰이나 태블릿PC를 사용하는 경우도 종종 있어요. 요즘은 노트북이나 컴퓨터가 없더라도 어플 하나면 영상을 금방 만들어 낼 수 있기 때문에 영상 편집만을 위해서 노트북을 사는 것은 추천하지 않아요. 컴퓨터나 노트북으로 편집 작업을 할 때는 여러 가지 프로그램이 있지만, 대표적으로 윈도우일 경우 어도비^{Adobe}사의 '프리미어 프로^{Premiere pro}'라는 프로그램을 사용하고, 애플일 경우 '파이널 컷 프로^{Final Cut pro}'라는 프로그램을 사용해요. 프리미어 프로는 애플에서도 사용할 수 있지만, 파이널 컷 프로는 애플에서만 사용할 수 있으니 사용해 보고 싶은 프로그램을 미리 정하고, 그에 맞는 컴퓨터나 노트북을 구매하는 걸 추천합니다. 여기서는 프리미어 프로를 이용해 편집하는 법을 알아볼게요.

△ 영상 편집 과정

"컷 편집"

컷 편집은 녹화된 클립들을 훑어보며 남길 부분은 남기고, 삭제할 부분을 찾아 잘라내는 것을 말해요. 컷 편집은 영상 길이에 따라 다르겠지만 영상을 처음부터 끝까지 훑어봐야 해서 꽤나 오랜 시간이 소요되는 작업이에요.
토크가 주된 영상일수록 진행이 늘어지면 중간에 시청을 중단하는 이탈자가 많아질 수 있어 되도록 전하려는 말만 남기고 편집하는 게 좋아요.

참고 토크 영상에서는 어느 부분에서 말실수했는지 잘 기억해 두면 컷 편집하기가 더 수월해요. 촬영하다가 실수했을 때는 끊어 가는 것도 좋은 방법이에요.

VLOG ☼ ☽

01 프리미어 프로를 실행한 다음, 창이 뜨면 **새 프로젝트**를 누르고 새 창이 나오면 확인을 눌러 주세요. 편집 화면이 나오면 **프로젝트** 창에 왼쪽 마우스를 더블 클릭해 편집할 영상을 불러옵니다.

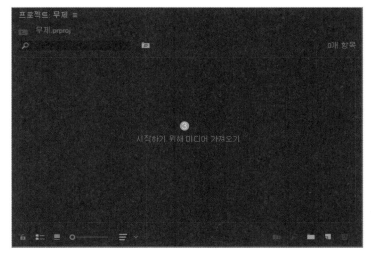

02 컷 편집을 위해 하단의 도구 박스에서 **칼날(자르기 도구)** 아이콘을 선택하고 자르고 싶은 부분에 마우스를 올린 후 클릭해 주세요.

키보드에서 **C를 누르면 마우스를** 이용하지 않아도 칼날 아이콘을 선택할 수 있어요.

03 영상에서 원하는 부분을 잘라냈다면 이제 클립이 두 개로 나뉘었을 거예요. 클립의 앞뒤를 줄이려면 클립의 왼쪽이나 오른쪽에 마우스를 얹은 다음 화살표 두 개가 함께 나오면 클립을 클릭하고 원하는 만큼 마우스를 드래그해 길이를 줄입니다.

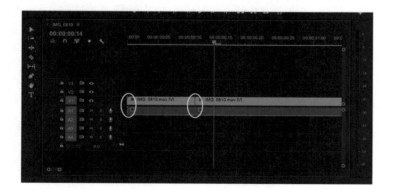

VLOG ☀ ☽

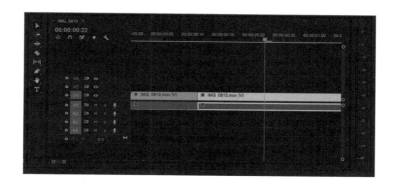

"색감 보정"

편집할 때 컷 편집과 색감 보정을 동시에 하면 편리해요. 장면이 자주 전환되는 영상이나 장면마다 표현하고 싶은 색이 다르다면, 컷 편집을 하고 그 클립에 맞는 색감으로 바로 보정해 주세요. 토크 영상이나 화면 전환이 거의 없는 영상이라면 한자리에서 비슷한 광량으로 촬영하기 때문에 컷 편집을 모두 마친 후 동일한 색감으로 보정합니다.

01 화면의 오른쪽 바에서 Lumetri 색상 카테고리의 크리에이티브를 누르면, 무지개 색의 동그라미 휠 두 개가 나와요. 마우스로 색상 휠 이곳저곳을 눌러 보며 영상에 어울리는 색을 선택해 주세요.

02 저는 그림자에서 주황과 빨강의 중간색을 추가해 주었고, 하이라이트에서는 초록색을 추가했어요. 왼쪽 휠에서는 그림자에 틴트[색]를 오른쪽 휠에서는 하이라이트 틴트[색]를 추가할 수 있어요.

03 동그란 휠 두개가 있는 곳에서 **Lumetri 색상** 카테고리에서 **곡선** 칸을 누르면 그래프 같은 화면이 나와요. 저는 빈티지한 느낌을 주고 싶어서 그래프를 S자 모양이 되게 설정했어요.

> 영상의 클립마다 색감과 밝기가 다르기 때문에 설명을 따라 해본 뒤 선을 조금씩 움직이면서 원하는 색감이 나올 때까지 맞춰 보세요!

VLOG ☀ ☽

"자막"

영상의 분위기를 좌우하는 하나는 자막이에요. 자막은 빠르게 지나가기 때문에 잘 읽힐 수 있도록 가독성이 좋은 깔끔한 폰트를 사용합니다. 글자의 크기가 너무 크거나 작으면 영상을 가리거나 잘 보이지 않으니 영상과 적절하게 어울리는 크기가 좋아요.

참고 저는 보통 영화 볼 때 삽입되는 자막 크기에서 1.5배 정도 작게 설정하는 편이에요.

01 화면 하단의 도구 박스에서 T(문자도구) 아이콘을 누르고 영상 화면에 마우스를 클릭하면 글을 입력하는 곳이 나와요.

02 원하는 문구를 썼다면 왼쪽 상단의 **효과 컨트롤** 카테고리의 **텍스트**를 눌러 주
세요. **소스 텍스트**에서 폰트를 변경하거나, 자막의 위치나 크기를 조절할 수 있어요.

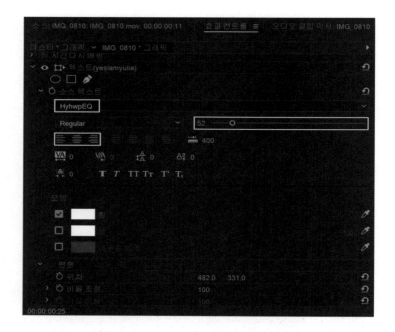

"배경음악"

배경 음악은 영상에 따라 분위기를 다양하게 연출할 수 있기 때문에 영상과 어울리는 음악을 찾는 것이 중요해요. 잔잔하고 조용한 일상을 담은 영상에서 클럽에서 나올 법한 비트가 가득하고 귀가 울리는 음악이 삽입된다면 어울리지 않겠죠?

01 배경 음악은 미리 다운받은 파일을 삽입해야 해요. 왼쪽 하단에 영상 클립이 들어 있는 프로젝트 창의 여백을 더블 클릭해서 음원을 불러와 주세요.

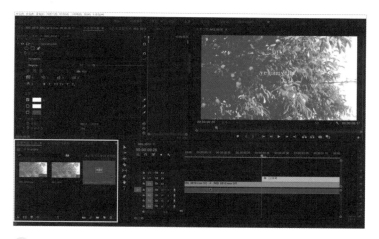

참고 094쪽을 참고해서 저작권이 없는 음원을 선택하는 거 잊지 마세요.

02 불러온 음악을 클릭하고 그대로 마우스로 드래그해 오른쪽 화면처럼 오디오
클립을 두는 칸에 놓아 주세요.

참고 오디오 클립은 A1이라고 쓰인 칸부터 아래로 추가해서 사용할 수 있어요. 비디오 클립
은 V1부터 위로 추가해서 사용해요.

"효과"

영상에는 여러 가지 효과를 넣을 수 있어요. 영상에 사진과 자막을 넣고, 음악을 넣는 등 눈에 보이고 귀에 들리는 것들을 활용하면 영상이 더 꽉 차고 보는 재미가 있을 거예요. 색감을 보정하는 것이 싫거나, 화면 전환을 하는 기술을 쓰지 않더라도 영상의 크기를 줄여 배경에 멋진 사진을 넣는 등 줄 수 있는 효과는 정말 다양해요.

01 기본 영상의 화면 크기를 줄이고 테두리를 넣어 줄 거예요. 사이즈를 줄이고자 하는 영상의 클립을 선택한 후 왼쪽 상단의 **효과 컨트롤 카테고리**의 **비디오 효과**에서 비율 조정을 눌러 원하는 비율로 설정해 주세요. 저는 65~75 정도의 비율을 많이 사용해요.

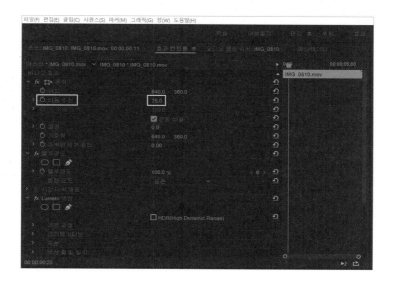

02 영상의 화면 크기가 작아졌다면, 테두리에 원하는 사진을 넣어 줄 거예요. 프로젝트 창의 여백을 더블 클릭해서 배경 사진 파일을 불러오고, 원하는 위치로 끌어 옵니다. 사진과 비디오는 V1부터 위의 레이어에 놓으면 되지만, 영상의 배경으로 사용하기 위해서는 영상의 레이어보다 아래 있어야 하기 때문에 영상 레이어를 위로 옮기고, 배경 사진 레이어를 그 아래로 놓았어요.

> 저는 심플한 화면이 좋아서 하얀색 바탕을 넣었어요.

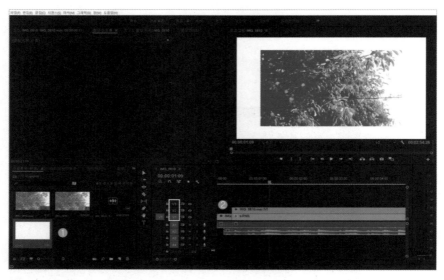

참고 영상에 나오는 색감을 배경으로 쓰면 더 조화로운 느낌이 들어요!

"추가 편집"

영상을 만들어서 저장까지 했지만, 꼭 업로드를 하고 나면 맞춤법이 틀린 자막이 발견돼요. 색감이 편집했을 때와는 다르게 보정되었다거나, 음악의 길이가 원하는 만큼 들어가지 않았다거나 하는 일도 있어요. 업로드하는 데 소요되는 시간도 꽤 길기 때문에 미리 영상을 저장하고 처음부터 끝까지 영상을 확인하면서 다시 편집해야 하는 부분을 찾아보는 것도 방법이에요. 처음 영상을 만들었는데 실수가 있으면 마음이 불편할 수 있으니 미리 체크하고, 추가로 편집할 부분은 하고 더 깔끔한 영상으로 업로드하는 게 좋아요.

✦

일상 영상의 결과물이 10분 이내라면 편집하는 데는 적어도 30분은 걸려요. 대부분 그보다 많은 시간이 걸리고 며칠씩 소요되는 영상도 있어요. 이것도 채우고, 저것도 채우고, 다양한 시도를 하다 보면 금세 시간이 흘러가거든요. 영상은 촬영만큼 편집도 중요해요. 영상을 촬영할 때는 예상하지 못했던 결과물이 나오는 경우도 있고요. 촬영본이 만족스럽지 못하더라도 편집을 거치면 상상 이상의 결과물이 나오는 경우도 많아요.

▶ 영상용 자막 선택하기

영상에 사용하는 자막은 가독성이 좋은 폰트를 사용합니다. 단, 영상으로 수익이 창출된다면 상업적으로 사용해도 무방한 무료 폰트가 적합해요. 무료 폰트는 인터넷 포털 사이트에서 쉽게 검색해서 다운로드할 수 있어요. 자막과 달리 **썸네일**°에는 디자인이 독특한 폰트를 사용해도 괜찮아요.

°**썸네일**^Thumbnail 미리 보기와 비슷한 개념으로 영상의 전반적인 내용을 파악할 수 있도록 하나의 이미지로 보여 주는 것

01 포털 사이트 검색창에 **상업용 무료 폰트** 또는 **무료 폰트**라고 검색합니다.

02 무료 폰트로 검색하면 아래 같은 화면이 나와요. 오른쪽 하단에 **폰트 정보 더 보기**를 눌러 주세요.

VLOG ☼ ☽

03 다양한 무료 폰트가 나왔어요. 아래 폰트들은 모두 무료로 사용할 수 있지만, 폰트마다 사용 범위를 확인해서 상업용으로 사용이 가능한지 꼭 상세 정보를 확인해 주세요.

04 원하는 폰트를 누르면 오른쪽에 사용 범위가 명시되어 있어요. 사진과 같이 프리 - 개인/기업, 국내/국외라고 쓰여 있다면 상업용으로 사용할 수 있어요. 다운로드를 눌러 설치합니다.

참고 이 폰트를 사용해도 되는지 헷갈릴 때는 사용 범위 아래에 사용 범위 자세히 보기를 눌러 주세요. 그러면 해당 폰트의 사용 범위에 대해 자세한 설명을 볼 수 있어요.

▶ 무료 배경 음악 선택하기

배경 음악을 선정하고 삽입하는 것까지는 쉬운 작업이지만, 저작권 등록이 된 음원을 사용하려면 절차가 길어질 뿐만 아니라 수익을 창출하지 못하게 되는 경우도 있어요. 그렇기 때문에 영상에 사용하는 배경 음악은 상업적으로 무방한 음악이어야 해요. 하지만 저작권이 없으면서 마음에 드는 음악을 찾기란 꽤 힘들기 때문에 음악을 찾는 데 소요되는 시간도 어마어마하답니다.

저는 최근에는 친오빠^{WASABI HOTEL}가 만든 음악을 사용하고 있어 저작권료를 내지는 않지만, 그전에는 유튜브나 사운드클라우드^{Soundcloud}에서 활동하는 음악 크리에이터들에게 메일을 보내 영상에 음악을 사용해도 되는지 물었어요. 직접 연락해도 좋지만 번거롭다면 간단하게 무료 음원을 찾는 방법을 알아볼게요.

"무료 배경 음악 검색하기"

무료 배경 음악을 쓰고 싶다면, 유튜브에 'no copyright music/bgm' 또는 'copyright free music/bgm'이라고 검색해 보세요. 검색하면 정말 많은 음악들이 나와요. 여기서 마음에 드는 음악을 다운로드하면 돼요. 저는 피아노곡을 좋아해서 주로 'no copyright music piano'로 검색하고 음원을 찾아 사용해요.

"무료 음악 업로드 채널"

매번 검색하는 것이 번거롭게 느껴진다면 저작권 없는 음악을 업로드하는 채널을 구독해서 새로운 음악을 받아 보는 것도 좋은 방법이에요. 두 채널을 소개할게요. 'Audio Library - Music for content creators.' 채널과 'Vlog No Copyright Music' 채널이에요.

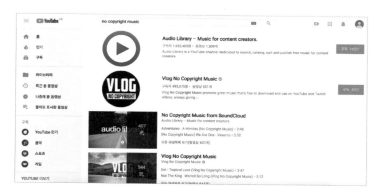

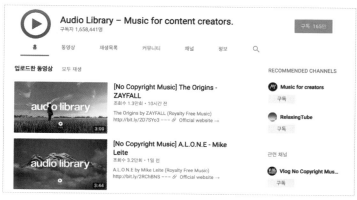

"음악 저작권 확인하기"

사용하고 싶은 음원이 있지만 저작권 유무를 정확히 알지 못한다면 유튜브에서 확
인할 수 있어요. 미리 확인하고 사용해야 나중에도 문제가 없어요.

01 유튜브 메인에서 오른쪽 상단의 내 계정 아이콘을 누른 다음 크
리에이터 스튜디오로 들어가 왼쪽 바의 **만들기**를 눌러 주세요.

02 만들기에 들어가면 오디오 라이브러리와 음악 정책이 나오는데요. **오디오 라**
이브러리에서는 무료 음악을 사용할 수 있어요. 앞에서 소개한 저작권 무료 채널에
올라오는 음원과 동일한 것이 많아요.

03 저작권을 검색하려면 **음악 정책**으로 들어갑니다. **음원 검색** 칸에 사용하고 싶은 음원의 아티스트 이름 또는 제목을 쓰고 **돋보기**를 누르면 결과가 나와요.

04 예시로 '비틀즈'를 검색해 봤어요. 비틀즈의 정식 음원이나 비틀즈라는 단어가 들어간 음원 또는 비틀즈와 관련이 있는 음원 중 저작권이 있는 음원이 검색 결과에 나와요. 여기에 뜨는 음원들을 사용할 경우 저작권에 위반되니 사용하면 안 돼요.

05 'yesiamyulia'를 검색해 보았어요. 음원을 발매하지 않았고, 저작권을 가지고 있는 음원이 없기 때문에 아무런 결과가 나오지 않아요. 이렇게 '일치하는 항목이 없습니다'라는 문구가 나오면 대부분 음원을 사용해도 되지만, 나중에 저작권에 걸려 삭제되는 경우도 있으니 주의합니다. 되도록 저작권이 없는 음악을 사용하거나, 아티스트 또는 저작권자와 협의 후에 사용하는 것을 권장합니다.

✦

배경 음악은 직접 만들어서 사용하는 방법도 있어요. 피아노나 기타, 우쿨렐레 혹은 직접 부른 노래를 녹음해서 사용해도 괜찮아요. 배경 음악이 없는 영상도 괜찮고요. 배경 음악을 무조건 삽입해야만 영상이 보기 좋고 듣기 좋아지는 것은 아니에요. 적절한 타이밍에 잘 어우러지는 음악을 넣어야 영상을 더 잘 즐길 수 있거든요. 저는 모든 영상에 배경 음악을 넣지는 않아요. 녹화된 영상에서 시끄러운 소음이 녹음된 부분이나 타임랩스 처리하여 빠르게 재생되는 부분에서 음악을 사용하면 영상에 몰입이 잘 되더라고요. 말을 하거나 적절한 소음이 녹음되었다면 따로 음악을 삽입하지 않아도 영상에 몰입이 잘되기 때문에 그대로 사용하기도 해요.

VLOG ☼ ☽

▶ 어플로 편집하기

편집할 때는 주로 노트북을 사용하지만 핸드폰이나 태블릿PC를 사용하는 경우도 있어요. 특히 브이로그는 소소한 일상 클립이 대부분이기 때문에 다른 영상에 비해 화려한 편집 기술이 필요하지 않아요. 그때그때 핸드폰으로 촬영하고 어플로 편집해서 바로 올려도 괜찮아요. 영상 편집에 자주 쓰이는 어플 세 가지를 소개할게요. 하나씩 살펴보고 나에게 잘 맞는 어플을 찾아보세요.

❶ FilmoraGo

동영상 편집을 도와주는 무료 어플이에요. 초보자도 쉽게 사용할 수 있고 기능도 복잡하지 않아 간단한 영상을 편집할 때 좋아요. 예쁜 필터가 많고 보정 기능이 간편해서 자주 쓰는 편이에요. 완성된 영상에 어플 워터마크가 남지 않는 것도 장점이랍니다.

> 일부 어플 중에는 영상에 워터마크가 자동적으로 남고 돈을 지불해야만 사라지기도 하거든요.

❷ VLLO

동영상 편집 무료 어플 중 가장 유명하고 사람들이 많이 쓰는 어플이에요. 이 어플은 쉽게 조작할 수 있으면서도 다양한 편집 기능을 제공해서 완성도 높은 영상을 만들게 해줘요. 한글 폰트의 종류가 많고 'FilmoraGo'와 마찬가지로 워터마크가 남지 않는 게 장점이에요. 단, 특정 기능은 유료로 부분 결제를 해야 사용할 수 있어요.

❸ LumaFusion

프리미어 프로나 파이널 컷 프로 같은 프로그램의 모바일 버전이라고 볼 수 있는 어플이에요. 세세한 기능을 제공하는 만큼 유료로 구입해야 사용할 수 있어요. 가격은 25,000원으로 일반적인 유료 어플에 비하면 비싸지만, 프리미어 프로를 사용했을 때 매월 또는 연간 나가는 금액과 비교하면 훨씬 저렴해요.

> 루마퓨전 어플 사용법은 Sixth 파트에서 다룹니다!

"FilmoraGo로 편집하기"

01 어플을 구글 플레이 스토어나 앱 스토어에서 다운로드 받고 실행해 주세요. 처음 시작하는 화면이에요. **새 비디오 만들기**를 눌러 주세요.

02 핸드폰에 저장된 동영상을 고를 수 있는 화면이에요. 영상을 만들 때 활용할 영상을 하나씩 고를 수 있어요.

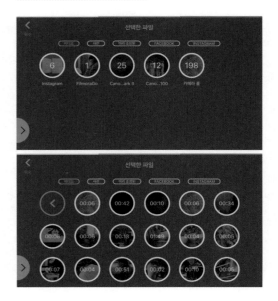

VLOG ☼ ☽

03 편집할 영상을 누르면 아래 화면이 나와요. 오른쪽 하단에 **추가**를 누르고 추가해 주세요. 다른 영상을 더 추가하고 싶다면 **뒤로**를 눌러 영상을 선택하고 다시 **추가**를 누릅니다.

04 원하는 클립을 모두 추가했다면 **다음**을 눌러 편집을 시작합니다. 컷 편집을 위해 오른쪽 하단에 **가위**를 눌러 주세요.

05 화면이 바뀌며 아래에 바가 생겨요. 영상을 자르거나 길이를 조절하거나 영상
을 복사하거나 거꾸로 재생시킬 수 있어요. 편집한 뒤에는 **뒤로** 버튼을 눌러 주세요.

06 영상에 필터를 입힐 거예요. 편집 메인 화면의 오른쪽 바에서 편
집을 누른 다음 **필터**를 눌러 주세요. 예쁜 필터가 15가지나 있어요.
저는 **Golden** 필터를 선택하고 왼쪽 바에서 강도를 25%로 맞췄어요.

> 오른쪽 하단의 **모두 적용**을
> 누르면 모든 영상 클립에 같
> 은 **필터가 적용돼요.**

07 음악을 추가하고 싶다면, 편집 메인 화면의 오른쪽 바에서 **음악**을 눌러 주세요.
아래 화면이 나오면 하단의 **+**를 누릅니다.

08 음악은 어플에서 제공하는 음악을 쓰거나, 핸드폰에 저장된 음악을 쓸 수 있어
요. 원하는 음악을 선택한 다음 영상에서 쓸 부분만 잘라 주세요.

09 영상에 음악이 추가되었어요. 영상 하단에 빨
간 점을 이동해서 음악이 들어갈 위치를 조정합
니다.

> 영상에 **다른 음악도** 추가하
> 고 싶다면 7, 8번 과정을
> 반복하면 돼요!

10 편집 메인 화면에서 **형식**을 누르면 화면의 비율을 조절하거나 화면의 양쪽을
잘라내기 한 후 배경을 흐리게 하거나 검은색으로 지정할 수 있어요.

11 편집 메인 화면의 오른쪽 바에서 **편집**을 누른 다음 **회전**을 눌러 주세요. 거꾸
로 찍힌 영상을 바르게 돌리거나 상하, 좌우를 반전시킬 수 있어요.

12 편집 메인 화면에서 오른쪽 상단에 저장을 누르면 완성이에요.

VLOG ☼ ☽

"VLLO로 편집하기"

01 어플을 구글 플레이 스토어나 앱 스토어에서 다운로드 받고 실행해 주세요. 메인 화면이 나오면 **멋진 비디오**를 눌러 주세요.

02 편집할 영상 클립을 모두 선택하고 오른쪽 상단에 →를 누릅니다. 화면 비율은 16:9로 설정하고 오른쪽 상단에 →를 누릅니다.

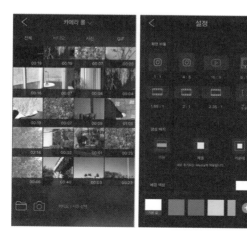

03 컷 편집을 할 거예요. 영상을 선택하면 주위로 박스가 생기면서 길이를 줄이거나 분할할 수 있는 기능이 나타나요.

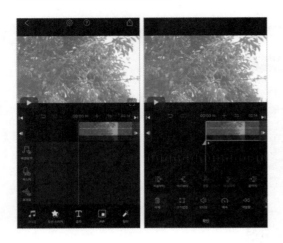

04 **여기부터**는 영상 앞부분 자르기, **분할**은 영상 나누기, **여기까지**는 영상 끝부분 자르기예요. 저는 분할을 눌러 클립 하나를 두 개로 나누었어요. 이 과정을 반복해 영상을 다듬고 확인을 눌러 주세요.

05 자막을 넣으려면 편집 메인 화면 하단에서 **T글자**를 누르고 가운데 효과 창에서 **T글자**를 눌러 주세요. 자막 형식 중에서 원하는 것을 선택하고 자막(빨간 박스)을 두 번 눌러 문구를 입력한 다음 오른쪽 하단에 V를 누릅니다.

> 효과 창을 위아래로 드래그해
> T글자를 바로 눌러도 됩니다!

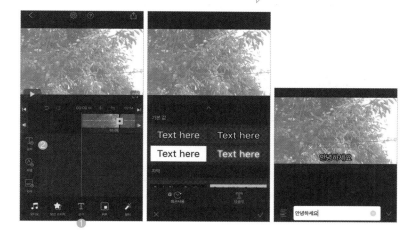

06 폰트를 바꿀 거예요. 글자 편집 화면 하단에서 **폰트**를 누르면 다양한 폰트가 나와요. 원하는 것으로 선택하고 확인을 누릅니다. 저는 제주고딕을 골랐어요.

참고 모든 효과들도 컷 편집과 마찬가지로 길이를 줄이거나 위치를 옮길 수 있어요. 해당 효과의 편집 화면에서 영상 클립 아래에 동그란 화살표를 옮겨 위치를 바꾸거나 네모 박스의 화살표를 드래그해 길이를 조정해 보세요.

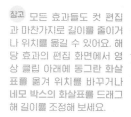

07 글자 편집 화면에서 **스타일**을 눌러 글자 색과 크기를 변경할 거예요. 글자 색상을 눌러 원하는 색으로 바꾸고, **폰트 비율**을 눌러 글자 크기를 줄인 다음 확인을 누릅니다.

글자 편집 화면에서 글자를 눌러도 문구를 수정할 수 있어요!

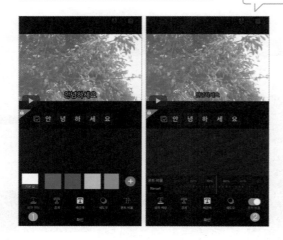

08 배경 음악을 넣기 위해 편집 메인 화면에서 **오디오**를 선택하고 가운데 효과 창에서 **배경 음악**을 눌러 주세요. 어플에서 제공하는 음악을 사용해도 좋고 내 음악 파일을 사용해도 좋아요.

효과 창을 위아래로 드래그해 배경 음악을 바로 눌러도 됩니다!

VLOG ☀ ☽

09 개인 음악 파일을 불러오려면 음악 선택 창에서 **파일**을 누른 다음, **둘러보기**를
눌러 음악을 불러올 위치를 선택해 주세요.

10 음악을 선택하고 하단 박스의 좌우 화살표를 드래그해 길이를 조정하고 오른쪽
하단에 ∨를 눌러 주세요. 편집 화면에서 배경 음악이 삽입된 걸 확인할 수 있어요.

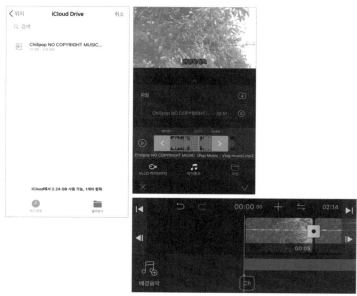

11 영상에 테두리를 넣고 필터를 추가할 거예요. 효과를 넣을 영상 클립을 선택한 다음, 하단에 **크기 변경**을 눌러 주세요. 전체 화면을 차지한 영상을 드래그하거나 오른쪽 하단의 크기 조절 버튼을 눌러 크기를 조절하고 확인을 누릅니다.

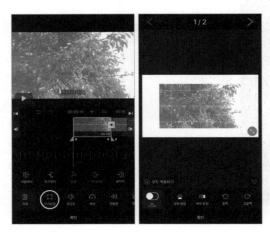

참고 테두리 배경 색상은 02번 과정의 두 번째 화면에서 지정할 수 있어요.

12 필터를 추가하기 위해 편집 메인 화면에서 **필터**를 누르고 가운데 효과 창에서 **필터**를 선택합니다.

효과 창을 위아래로 드래그해 필터를 바로 눌러도 됩니다!

13 필터 편집 화면에서 **필터**를 누르고 원하는 필터를 선택한 다음 **불투명도**로 필터의 농도를 조절하고 확인을 누릅니다.

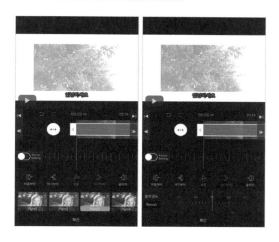

14 편집을 마쳤다면 편집 메인 화면에서 오른쪽 상단에 **내보내기**를 누릅니다. 프레임 레이트는 24로 설정하고 **추출하기**를 누르면 완성!

▶ 썸네일 만들기

썸네일은 채널의 구독자나 영상의 조회수를 높이기 위한 중요한 수단이기 때문에 영상을 표현하기에 적절한 사진이면서 호기심을 불러일으키는 사진으로 설정하는 것이 좋아요. 서점에 가면 모든 책의 표지가 다르듯이 영상의 표지인 썸네일도 마찬가지로 눈에 띄어야 해요. 스크롤을 내리다가 눈길을 사로잡도록 색감, 이미지, 자막 등 다양한 효과를 적용하면 더 좋고요!

"썸네일의 좋은 예와 나쁜 예"

GOOD 겨울 메이크업의 썸네일인 만큼 보여 주고자 하는 주제(얼굴)가 무엇인지 한 눈에 보여요.

BAD 움직여서 흔들린 사진으로 집중이 덜 되는 느낌이에요. 손의 움직임과 애매한 시선 처리로 어떤 영상인지 쉽게 알아볼 수 없어요.

VLOG ☀ ☽

"돋보이는 썸네일"

❶ 테두리가 있는 썸네일

테두리가 있는 썸네일은 깔끔하면서도 튀어 보인다는 장점이 있어요. 나와 같은 시간대에 영상을 올린 채널과 나란히 있을 때 좀 더 시선을 끌 수 있는 썸네일이에요.

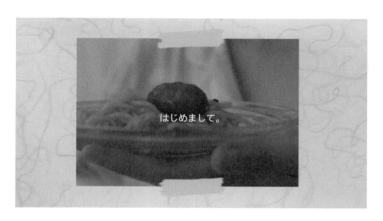

❷ 사진이 한눈에 들어오는 썸네일

영상의 주제가 확실한 사진을 사용하면 썸네일만 보고도 영상을 파악할 수 있기 때문에 영상의 메시지를 전달하는 데에 좋아요. 썸네일을 보고 해당 주제에 관심 있는 사람들이 시청할 수도 있고요.

❸ 색감이나 폰트가 포인트 되는 썸네일

색감 보정이나 폰트가 특이하거나 화려하게 장식된 썸네일은 개성적이고 나만의 색을 표현하기 좋아요. 내 취향을 담아 감성적이거나 키치^{kitsch}하게 심플하거나 따뜻하게 꾸며 보세요. 나를 더 기억에 남게 해줄 거예요.

"나만의 썸네일 만들기"

01 유튜브에 업로드할 영상에서 썸네일로 사용하고 싶은 장면을 캡처해 주세요.

02 포토샵을 실행하고 16:9의 비율 또는 1280 × 720 픽셀로 지정하고 제작을 눌러 주세요.

VLOG ☼ ☽

03 흰 배경이 생겼어요. 여기에 아까 캡처한 사진을 불러올 거예요. 사진을 포토샵으로 드래그해 올려도 되고, 화면 상단의 **파일**에서 **열기**를 눌러 사진을 불러와도 돼요.

단축키는 Ctrl+O예요! 맥Mac에서는 Ctrl 대신 Command를 씁니다.

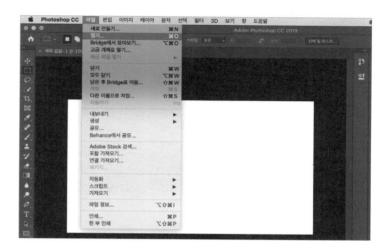

04 사진을 불러왔다면 흰 배경에 캡처한 사진을 드래그해서 옮겨 주세요.

05 캡처한 사진의 레이어 크기가 흰 배경의 레이어 크기보다 크기 때문에 사진이
잘려 보여요.

06 사진을 배경 크기에 맞추기 위해서 사이즈를 조절할 거예요. 도구 상자에
서 첫 번째 도구를 누르고 사진 레이어를 선택하면 박스가 생겨요.

단축키는 V예요!

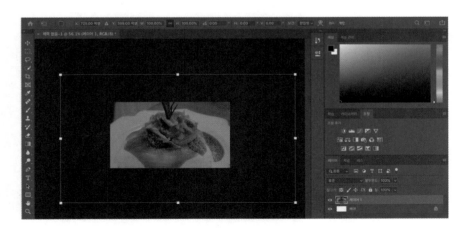

07 여기서 Shift 키를 누른 채로 네모 꼭짓점 중 하나를 선택하고 배경에 맞게 줄이거나 늘리며 조절해 주세요.

08 썸네일에 자막을 넣을 거예요. 도구 박스에서 T 아이콘을 누르고 사진에서 자막을 넣을 위치에 클릭해 주세요. 쓰고 싶은 문구를 쓰고 화면 상단에서 크기를 조절하거나 폰트를 변경합니다.

글자를 수정하고 싶을 때는 Ctrl+T를 눌러 주세요. 크기, 굵기, 자간, 행간, 색상 등을 수정할 수 있는 창이 나와요. 또는 화면 상단의 창(Window)에서 문자(Character)를 눌러도 돼요.

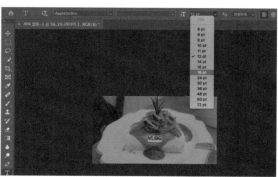

참고 사진을 수정할 때는 사진 레이어를 텍스트를 수정할 때는 텍스트 레이어를 선택해야 해요. 레이어 창은 키보드의 F7을 누르면 나와요.

09 이렇게 완성되었답니다.

▶ 워터마크 설정하기

유튜브에서 영상을 볼 때 영상 화면 오른쪽 하단에 글자나 아이콘이 떠 있는 것을 본 적이 있나요? 마우스를 가져다 대면 채널명, 구독자 수가 적힌 작은 박스가 생겨요. 이 작은 아이콘을 워터마크라고 불러요. 워터마크는 처음 내 채널에 온 사람도 놓치지 않고 구독으로 연결될 수 있게 하는 서비스예요.

01 유튜브 메인 화면에서 내 계정 아이콘을 눌러 **크리에이터 스튜디오**로 들어간 다음 **채널**에서 **브랜딩**을 눌러 주세요. 사진과 같은 화면이 나오면 **워터마크 추가**를 눌러 주세요.

02 **워터마크 업로드**라는 창이 뜨면 **파일 선택**을 누르고 파일을 업로드해 주세요. 워터마크는 재생 화면에 나오는 아이콘이기 때문에 눈에 띄게 만들면 좋아요. 자기만의 취향대로 만들어도 되지만, 되도록 투명한 바탕에 채널명이나 아이콘을 넣는 게 깔끔해요.

▶ 업로드하기

01 유튜브 메인 화면에서 오른쪽 상단의 **캠코더** 아이콘을 누른
뒤 동영상 업로드를 선택합니다.

02 화면을 누르거나 동영상을 드래그해서 업로드할 파일을 첨부해 주세요.

VLOG ☼ ☽

03 동영상이 업로드 되면 041쪽을 참고해서 기본 정보와 태그를 입력합니다. 오른쪽의 항목에서 공개, 미등록, 비공개, 예약 등 알맞게 설정해 주세요.

참고 '공개'는 업로드 완료 후 바로 영상 공개, '미등록'은 영상 링크가 있는 사람에게만 영상 공개, '비공개'는 나에게만 영상 공개, '예약'은 예약 시간을 설정하고 그에 맞게 영상이 공개됩니다.

04 기본 설정을 마쳤다면 스크롤을 내려 **동영상 미리보기 이미지**에서 **맞춤 미리보기 이미지**를 눌러 썸네일을 업로드해 주세요. 그리고 게시를 누르면 영상 업로드 끝!

▶ 장편 업로드하기

브이로그 영상은 대부분 10~30분 정도의 분량이에요. 영상이 15분을 넘어가면 장편 업로드 기능을 사용해야 업로드할 수 있어요.

01 유튜브 메인 화면에서 내 계정 아이콘을 누르고, 크리에이터 스튜디오에서 **채널**로 들어간 다음 **장편 업로드** 박스에서 **사용**을 눌러 주세요.

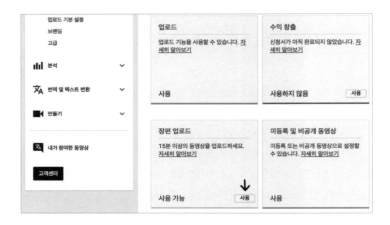

02 장편 업로드를 하려면 계정 확인을 해야 해요. **인증 코드를 문자 메시지로 전송**을 눌러 주세요.

03 핸드폰 번호를 입력한 뒤 **제출**을 누른 다음, 문자 메시지로 받은 인증 코드를 입력하고 **제출**을 눌러 주세요.

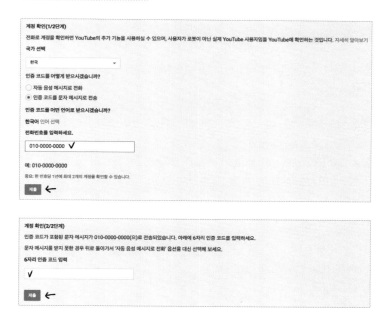

04 확인 완료 창이 뜨면 **계속**을 눌러 주세요. 이제 유튜브 채널에 15분 이상의 장편 영상을 업로드할 수 있어요.

▶ 태그하기

유튜브에는 태그를 달 수 있는 여러 항목이 있어요. 채널에 태그를 달거나 영상에
태그를 달면 내 채널을 홍보하는 데도 도움이 돼요.

"채널 태그"

유튜브 메인 화면에서 내 계정 아이콘을 눌러 **크리에이터 스튜디오**로 들어간 다음
채널에서 **고급**을 눌러 주세요. 사진과 같은 화면이 나오면 채널 키워드 칸에 태그를
달 수 있어요. 업로드 기본 설정(041쪽 참고) 태그를 입력했던 것과 같은 방식으로
내 채널을 표현할 수 있는 단어를 입력해 두어요. 이
렇게 입력된 키워드들은 유튜브에 해당 단어를 검색
했을 때 내 채널이 더 노출될 수 있도록 도와줍니다.

> 단어 사이에 ,(쉼표)를
> 넣어야 합니다!

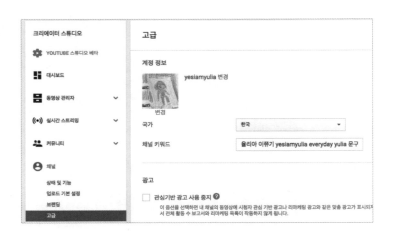

VLOG ☼ ☽

"영상 태그"

업로드할 때 영상에도 태그를 달 수 있어요. 동영상을 업로드한 뒤 기본 정보 탭을 눌러 주세요. 사진을 보면 업로드 기본 설정(041쪽 참고)에서 입력해 둔 태그들이 쓰여 있어요. 기본 태그를 단 뒤에 영상을 업로드하면서 추가로 태그로 입력하고 싶은 단어들을 써넣으면 해당 단어를 검색했을 때 영상이 노출되기 쉬워요. 단, 꾸준한 업로드를 했을 경우예요.

> 단어 사이에 ,(쉼표)를 넣어야 합니다!

▶ 재생 목록 만들기

재생 목록은 내 채널의 주제에 따라 구분해서 만드는 것이 좋아요. 여행 영상은 여행 영상끼리 요리 영상은 요리 영상끼리 비슷한 주제의 영상들로 재생 목록을 만들면, 해당 주제에 관심 있는 구독자가 재생 목록에서 영상을 정주행하며 연속적으로 볼 수 있어요.

> 자연스럽게 영상의 조회수를 높일 수 있답니다!

재생 목록의 제목을 지을 때에도 어떤 영상이 담겨 있는지 적어 주면 좋아요. 예를 들어 다이어리에 관련된 영상들의 재생 목록을 만든다면 제목을 '다이어리', 'diary'처럼 작성해 주세요. 제목을 보면 어떤 영상들이 나열될지 예상되기 때문에 보는 사람들이 편해요. 또는 하울 영상을 올린다면, 하울의 주제가 전자제품, 식료품, 문구류, 옷, 뷰티 제품 등 다양하기 때문에 'haul' 재생 목록을 만들어 모든 하울 영상을 그 재생 목록에 추가하는 것도 좋아요.

"기본 재생 목록 만들기"

01 재생 목록을 만들기 위해 유튜브 메인 화면에서 내 계정 아이콘을 누르고, 내 채널에 들어가 재생 목록 탭을 눌러 주세요. 재생 목록 화면에서 채널 맞춤 설정을 눌러 주세요.

VLOG ☼ ☽

02 **+ 새 재생 목록**이라고 새롭게 생긴 탭을 눌러 주세요.

03 재생 목록의 제목을 함께 묶일 영상들의 주제에 맞게 적은 뒤 **만들기**를 눌러
주세요.

04 재생 목록이 만들어졌다면 아래에 **동영상 추가**를 누르고 영상을 추가합니다.

05 재생 목록에 추가할 영상은 내 영상이 아닐 경우에는 영상의 제목으로 검색하거나 URL을 입력해 추가합니다.

참고 이 방법은 주로 좋아하는 노래를 모아 재생 목록을 만들 때 사용하면 편해요.

06 내 영상으로 만드는 재생 목록일 경우에는 **내 YouTube 동영상**을 눌러 원하는 영상을 추가합니다. 여러 개를 한 번에 선택할 수 있어 간편해요. 다 선택했다면 **동영상 추가**를 눌러 주세요.

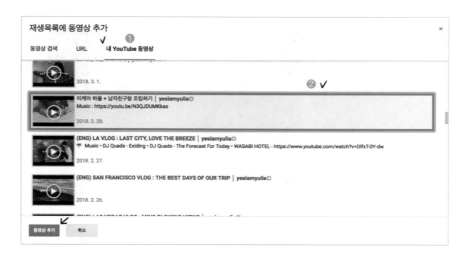

VLOG ☼ ☽

07 재생 목록에 내가 선택한 영상이 추가되었어요.

"한 개의 영상을 여러 재생 목록에 추가하기"

하나의 영상을 재생 목록 여러 개에 추가할 수도 있어요. 예를 들어 'beauty haul' 영상을 만들었다면 'haul'이라는 재생 목록과 'beauty'라는 재생 목록에 모두 영상을 넣는 거예요. 영상을 각각 다른 재생 목록에 넣으면 해당 주제를 좋아하는 사람들이 영상을 더 쉽게 접할 수 있겠죠?

01 다이어리 꾸미기 영상을 3개의 재생 목록에 추가할 거예요.

02 lifestyle 재생 목록에 들어갑니다. **동영상 추가**를 눌러 **내 YouTube 동영상**을 추가해 주세요.

03 2번과 같은 방법으로 DIY, stationery 재생 목록에도 추가했어요.

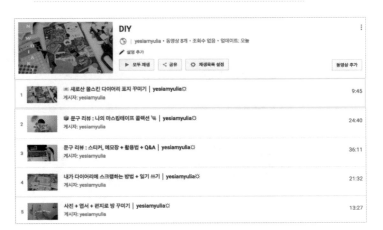

VLOG ☼ ☾

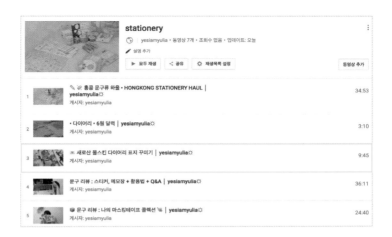

stationery

yesiamyulia · 동영상 7개 · 조회수 없음 · 업데이트: 오늘

✎ 설명 추가

▶ 모두 재생 　 ⟨ 공유 　 ⚙ 재생목록 설정 　　　　 동영상 추가

1　✎ 🐾 홍콩 문구류 하울 · HONGKONG STATIONERY HAUL |
　　yesiamyulia☼
　　게시자: yesiamyulia　　　　　　　　　　　　　　　　34:53

2　· 다이어리 · 6월 달력 | yesiamyulia☼
　　게시자: yesiamyulia　　　　　　　　　　　　　　　　3:10

3　☀ 새로산 몰스킨 다이어리 표지 꾸미기 | yesiamyulia☼
　　게시자: yesiamyulia　　　　　　　　　　　　　　　　9:45

4　문구 리뷰 : 스티커, 메모장 + 활용법 + Q&A | yesiamyulia☼
　　게시자: yesiamyulia　　　　　　　　　　　　　　　　36:11

5　🖤 문구 리뷰 : 나의 마스킹테이프 콜렉션 🖤 | yesiamyulia☼
　　게시자: yesiamyulia　　　　　　　　　　　　　　　　24:40

시간을 가지고 꾸준히

채널 관리하고 영상으로 수익 내기!

'시간을 가지고 꾸준히'에서는 유튜브 채널을 통해
시청자, 구독자와 소통하는 방법과
유튜브로 수익을 창출할 수 있는 방법에 대해 다룰 거예요.
영상을 올렸다고 끝이 아니랍니다.
아직 우리가 알아야 할 것들이 남아 있어요.
사소하지만 꼭 필요한 것들, 빼놓지 말고 기억해 둡시다.

▶ 구독자와 소통하기

유튜브에는 커뮤니티라는 게시판이 있어요. 이 게시판은 유튜브 내의 작은 sns라고 생각하면 돼요. 커뮤니티에서는 글을 쓰거나 사진을 올리거나 투표를 진행할 수 있고, 댓글과 좋아요로 소통할 수 있어요. 인스타그램이나 페이스북 등 다른 sns를 하지 않고 유튜브만 보는 구독자를 위해 유튜버가 소식을 간단하게 남기거나, 구독자에게만 전하고 싶은 메시지를 남길 때 활용하면 좋아요.

참고 커뮤니티는 구독자가 1만 명 이상일 때만 기능이 활성화되어요.

VLOG ☼ ☽

▶ 보여 주고 싶은 것만 보여 주기

"댓글과 좋아요 공개 또는 비공개하기"

채널을 운영하다 보면 댓글이나 좋아요가 신경 쓰일 때가 있을 거예요. 이때는 둘 다 비공개로 바꿀 수도 있어요. 적절하게 활용해 보세요.

01 유튜브에서 메인 화면에서 내 계정 아이콘을 누르고, **크리에이터 스튜디오**로 들어가 **동영상 관리자**에서 **동영상**을 누릅니다. 댓글과 좋아요를 공개 또는 비공개하고 싶은 영상을 선택한 뒤 수정을 눌러 주세요.

02 영상 아래에 **고급 설정** 탭을 누르면 **댓글 허용**과 **사용자가 동영상에 대한 평가를 볼 수 있음** 항목에서 댓글과 좋아요를 공개 또는 비공개로 설정할 수 있어요. 단, 선택한 영상에만 적용됩니다. 이후에 올리는 모든 영상에도 같은 설정을 적용하려면 업로드 기본 설정(041쪽 참고)에서 설정합니다.

03 댓글 허용을 누르면 시청자들이 댓글을 달 수 있게 설정돼요. 더보기를 누르면 어떤 유형의 댓글을 공개할 것인지 3개의 보기가 나와요. **전체**는 모든 댓글 공개, **부적절할 수 있는 댓글을 제외한 모든 댓글**은 욕설이나 크리에이터가 설정한 금지어가 적힌 댓글 비공개, **승인된 댓글**은 모든 댓글을 보류된 댓글 창에서 확인한 후에 공개하고 싶은 댓글만 공개할 수 있어요.

04 **사용자가 동영상에 대한 평가를 볼 수 있음** 항목에서는 영상의 좋아요 수를 공개 또는 비공개로 설정합니다. 항목을 체크하지 않으면 비공개가 되고, 좋아요나 싫어요가 몇 개 눌렸는지는 크리에이터만 확인할 수 있어요.

✅ 사용자가 동영상에 대한 평가를 볼 수 있음

"구독자 수 공개 또는 비공개하기"

댓글, 좋아요와 더불어 구독자 수도 공개 또는 비공개로 설정할 수 있어요. 크리에이터 스튜디오로 들어가 채널에서 **고급**을 눌러 주세요. 사진과 같은 창이 뜨면 구독자 수를 공개 · 비공개로 설정할 수 있는 항목이 나와요. 원하는 대로 설정해 주세요. **구독자 수 표시 안 함**을 선택하면 구독자나 채널을 운영하지 않는 사람들은 구독자 수를 볼 수 없어요.

"구독 채널 공개 또는 비공개하기"

다른 사람에게 내가 구독하는 채널을 보여 주고 싶지 않을 때는 비공개로 설정할 수 있어요.

01 유튜브 메인 화면의 오른쪽 상단에서 내 계정 아이콘을 눌러 **내 채널**로 들어간 다음, **채널 맞춤 설정**을 눌러 주세요.

02 구독 버튼 옆에 있는 **톱니바퀴** 아이콘을 눌러 주세요.

03 채널 설정 창이 뜨면 오른쪽 화면처럼 설정을 바꾸어 주세요. 개인정보 보호 항목들을 모두 비공개로 바꿀 수 있어요.

▶ 수익 창출하기

유튜브에서 발생하는 가장 기본적인 수익은 바로 광고 수익이에요. 영상 시작 전이나 재생 중에 나오는 광고로 시청자가 해당 영상을 조회할 때 수익이 발생돼요. 이렇게 영상에 광고가 나오도록 설정하려면 구글 애드센스를 연동해 두어야 해요. 단, 구독자가 1,000명 이상이고 지난 12개월 동안 시청 시간이 4,000시간 이상이어야 한다는 조건이 있어요. 하지만 조건에 해당되지 않더라도 미리 설정해 두면 더 편해요.

애드센스와 내 채널을 연동한 뒤 채널에서 수익이 100달러가 넘어가면 이후부터는

> 소속사가 있는 경우 소속사를 통해 들어오는 경우도 있어요.

설정한 통장으로 금액이 구글에서 입금되어요. 이처럼 수익 창출을 위해 필수인 애드센스를 연동하는 방법을 알아볼게요.

01 유튜브 메인 화면에서 내 계정 아이콘을 누르고 크리에이터 스튜디오로 들어갑니다. 채널에서 상태 및 기능을 누르면 수익 창출 박스가 나와요. 사용을 눌러 주세요.

141

02 수익 창출 페이지가 뜨면, **시작하기**를 눌러 주세요.

03 YouTube 파트너 프로그램 약관을 읽고 각각의 항목에 체크한 뒤 **동의함**을 눌러 주세요.

04 이제 에드센스에 가입해야 해요. 크리에이터 스튜디오의 **수익 창출**에서 **시작하기**를 눌러 주세요. 사진과 같은 화면이 나오면 **다음**을 눌러 주세요. 에드센스는 구글의 시스템이기 때문에 구글로 연결될 거예요.

05 에드센스에 가입하기 위해 만들어 둔 채널(024쪽 참고)의 이메일 주소로 로그 인하여 연동한 다음 **시작하기**를 눌러 주세요.

06 가입하는 과정에서 수취인의 세부 주소를 작성하도록 나오는데 꼭 나의 정확한 거주지 주소나 변동 사항이 없는 회사 주소를 써야 해요. 구글에서 계정을 확인할 수 있는 인증 코드가 적힌 서류를 우편으로 보내 주기 때문에 꼭 정확한 주소여야 해요. 모든 정보를 기재했다면 **제출**을 눌러 주세요. 주소는 언제든지 수정할 수 있어요.

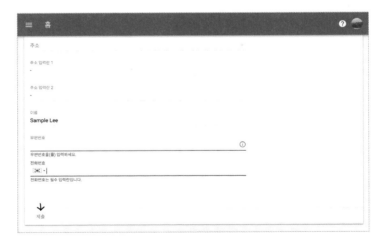

▶ 분석하기

분석 시스템은 유튜브를 발전시키고 싶은 크리에이터라면 꼭 챙겨 보아야 해요. 그동안 내가 채널을 어떻게 운영해 왔는지, 사람들의 반응은 어땠는지 세세하게 알 수 있거든요. 뿐만 아니라 영상에서 저조한 시청률과 참여율로 마음 아파하지 않게 문제점을 찾아 극복하고 발전시킬 수 있도록 도와줍니다.

01 유튜브 메인 화면에서 내 계정 아이콘을 눌러 크리에이터 스튜디오로 들어간 다음 분석에서 개요를 눌러 주세요.

02 어느 국가에서 영상을 가장 많이 시청하는지, 내 영상이 어느 연령대에게 인기가 많은지, 어느 성별의 사람들이 내 영상을 찾는지를 알 수 있어요. 이러한 정보를 통해 내 영상을 좋아해 주는 사람들의 특징이 뚜렷해지기 때문에 타깃 독자를 고려해서 영상을 만들 수 있어요.

VLOG ☼ ☽

일단 그냥 시작해도 좋지만, 목표가 생기면 구체적으로 계획할 수 있고, 더 나은 방향으로 나아갈 수 있기 때문에 좋은 결과도 생기기 마련이니까요.

03 영상에서 시청자들의 참여가 저조한 달에는 참여율이 높았던 달과 비교해 보세요. 어느 부분에서 문제가 있었는지 확인하기 좋아요. 뿐만 아니라 사람들이 영상의 어느 지점에서 이탈하는지 알 수 있기 때문에 영상에서 지루했던 부분을 파악하거나 사람들이 어떤 부분에 관심이 덜한지 알 수 있어요. 문제를 확인했다면 다음 영상에서는 지루한 부분은 조절해서 편집하고, 반응이 좋았던 부분은 더 신경써서 편집해 보세요.

상위 10개 동영상 전체 콘텐츠 찾아보기				
동영상	↓ 시청 시간(단위: 분)	↓ 초회수	↓ 추정 수익*	↓ YouTube Premium 수익*
2017년 2월의 룸투어 | yesiamyulia ...	408,066 3.1%	72,322 1.9%	KRW 95,987.23 2.4%	KRW 3,554.05 2.2%
다이어리 종류 소개 + 내가 꾸미는 방법 ...	343,206 2.6%	84,874 2.2%	KRW 75,026.95 1.9%	KRW 4,702.80 2.9%
(ENG SUB) 2017년 8월의 룸투어 | ye...	304,033 2.3%	50,065 1.3%	KRW 47,091.41 1.2%	KRW 3,310.88 2.1%
주말 데이트 같이 준비해요 🌸 MOTD ...	287,611 2.2%	61,722 1.6%	KRW 77,517.28 1.9%	KRW 1,526.78 1.0%
(ENG) 다를 것 없는 일상🌸 | yesiam...	276,544 2.1%	74,657 2.0%	KRW 100,545.57 2.5%	KRW 2,677.46 1.7%
fashion haul + ask yulia| yesiamyul...	261,224 2.0%	35,144 0.9%	KRW 50,002.02 1.2%	KRW 2,867.59 1.8%
🍳 같이 준비해요 | yesiamyulia ☺	206,625 1.6%	28,917 0.8%	KRW 51,467.22 1.3%	KRW 840.00 0.5%
이케아 하울 + VLOG | yesiamyulia ☺...	198,006 1.5%	37,864 1.0%	KRW 47,878.89 1.2%	KRW 1,254.71 0.8%
✈ 동남아 5주 배낭여행 준비물 💼 | y...	197,883 1.5%	30,569 0.8%	KRW 32,498.40 0.8%	KRW 2,220.32 1.4%
내일은 내일이야. 오늘은 오늘밖에 없어 ...	195,591 1.5%	46,587 1.2%	KRW 85,213.85 2.1%	KRW 1,759.15 1.1%

내일이 간직할 오늘

기획부터 촬영 그리고 편집까지
브이로그로 하루 기록하기 !

'내일이 간직할 오늘'에서는 앞에서 소개한 대로
영상을 기획하고 촬영하고 편집까지 하는 과정을 다룰 거예요.
브이로그 영상을 편집할 때 자주 쓰는 프로그램의 사용법과
영상에서 활용할 수 있는 다양한 편집 효과를 알아봅니다.
일상의 작은 기록들로 하나의 영상을 어떻게 만드는지
소개할게요. 저만의 작은 팁도 가득 담았답니다.

🐇 fashion haul
패션 하울

영상 주제	패션 하울, 착용샷 촬영
촬영 날짜	2019년 1월 10일 금요일
업로드 날짜	2019년 1월 13일 일요일
콘티	① 토크 영상으로 1차 레이어 영상 촬영(총 영상 길이 최대 30분) ② 제품 서브 촬영하기(착용샷으로) ③ 더보기 칸에 제품 링크 첨부 잊지 말기! ④ 색감 보정할 때는 옷의 원래 색이 잘 보이게 보정 (너무 과하지 않게)

○ 오늘의 촬영 장소는 **작업실** ✧

집에서는 주로 이곳에서 작업을 해요. 유튜브와 피프티나인(개인 사업) 관련 업무
는 물론 취미 생활까지 하는 공간이에요.

○ 오늘의 촬영 장비는 **캐논 eos m100, 하이메이드 삼각대** ✧

○ 오늘의 편집 프로그램은 ✧
Lumafusion, Procreate

△ 동영상 편집   △ 일러스트레이션
유료 어플   유료 어플

ㅇ 오늘의 카메라 구도는 ✦

01 상반신을 위주로 움직이는 모습까지 잘 나올 수 있도록 삼각대 높이를 알맞게
조절했습니다.

참고 중앙이 아닌 구석에 카메라를 놓으면 광각
렌즈를 사용하지 않아도 조금 더 넓은 화각으로
촬영할 수 있어요.

02 촬영하는 중간중간 화면을 확인할 수 있도록 카메라의 스크린은 나와 마주 보
게 펼쳐 두면 좋아요.

○ 오늘의 편집은 **손글씨로 포인트 주기** ✧

01 영상에 포인트를 주기 위해 **프로크리에이트**^{Procreate} 어플로 손글씨를 쓸 거예요. 어플을 실행하고 오른쪽 상단의 +를 눌러 새로운 캔버스를 열어 주세요.

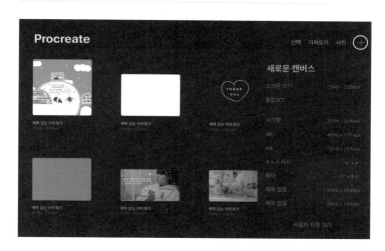

02 캔버스 화면이 나오면 오른쪽 상단에서 **네모(레이어)** 아이콘을 누른 다음 +를 눌러 레이어를 추가해 주세요.

03 저는 배경 색상을 없애려고 레이어 창에서 배경 색상 칸의 체크를 해제했어요.
이제 붓 아이콘을 눌러 원하는 대로 손글씨를 써주세요.

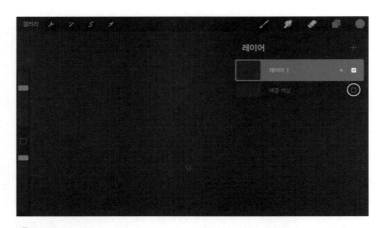

참고. 저는 손글씨를 쓰거나 영상을 편집할 때 아이펜슬 1세대를 사용하고 있어요. 저렴한 제품으로는 다이소에서 파는 스마트폰 터치펜이 있습니다!

04 영상으로 옮겨 보니 쓴 글씨가 얇아서 잘 보이지 않더라고요. 그래서 레이어
창에서 손글씨 레이어를 왼쪽으로 드래그해서 레이어를 복제했어요.

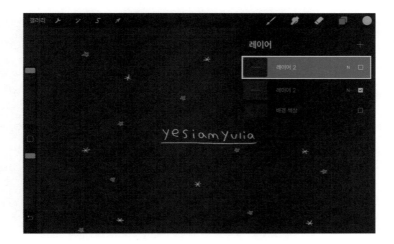

VLOG ☀ ☽

05 화면 상단에 **화살표**를 누르고 복제한 레이어를 선택해 원본 레이어보다 아주 살짝 오른쪽에 오도록 옮겨 줬어요. 이렇게 하면 글씨가 조금 더 굵어 보여요. 레이어 창에서 배경 색상 칸을 체크하지 않고 저장합니다.

> 미세한 **차이지만 영상으로** 보면 꽤 달라 보인답니다!

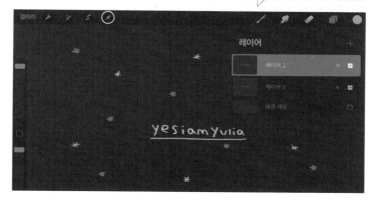

06 저장한 손글씨 파일을 루마퓨전 어플로 불러와 편집할 거예요. 어플을 실행해 주세요.

07 메인 화면에서 하단의 ╋를 눌러 새 프로젝트를 만듭니다. 제목을 자유롭게 작성하고, 프레임률과 프레임의 면을 각각 24와 16:9로 설정해 주세요.

08 프로젝트를 만들면 화면이 새롭게 바뀌어요. 프리미어 프로와 마찬가지로 상단에서 영상을 미리 보며 하단에서 편집하게 됩니다.

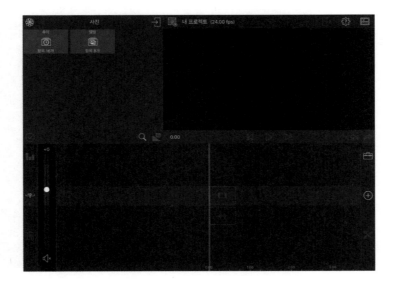

09 8번 화면의 왼쪽 상단의 꽃 모양 아이콘을 눌러 편집할 동영상과 손글씨 파일
을 불러옵니다.

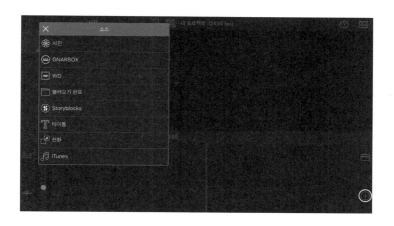

10 손글씨 파일은 동영상 바로 위에 오도록 옮
긴 다음, 영상에서 손글씨를 보여 주고 싶은 지
점으로 이동시켜 주세요.

손글씨의 재생 시간을 조절하
려면 손글씨 레이어를 누르고
앞뒤로 나오는 화살표를 원하
는 만큼 드래그합니다.

11 영상 엔딩 장면에도 손글씨를 넣기 위해 1번 과정을 반복합니다. 영상의 엔딩 에서는 손글씨를 쓰고, 배경 레이어에 색을 더해 준 후에 저장을 한 파일을 그대로 사용할 거예요.

12 배경색을 바꾸려면 레이어 창을 열고 배경 색상 레이어를 눌러 주세요. 색상표 가 나오면 원하는 색을 선택해 주세요.

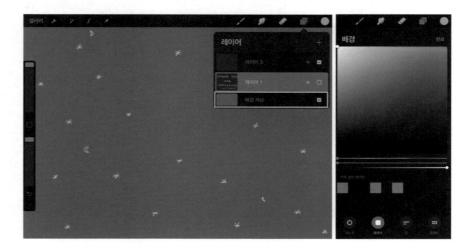

13 영상 엔딩 장면에서도 활용할 수 있어요. 배경색을 더한 파일을 저장한 후에
저장된 사진을 루마퓨전 어플로 불러와 영상의 마지막에 넣어 주면 돼요.

하루 꽉 채워 일하는 날
일상 브이로그 1

영상 주제	사무실에서 보내는 일상 브이로그
촬영 날짜	2018년 12월 18일
업로드 날짜	2018년 12월 19일
콘티	① 출근 전 집에서 일상 조금 → 외출 준비하는 모습으로 촬영 ② 사무실 도착하자마자 카메라 설치 후 일할 준비하는 모습 → 일하는 중간중간 토킹 클립 → 일하는 모습은 타임랩스 로 편집 → 퇴근하고 집에 가는 모습 촬영 → 집에서 자기 전 일상 마무리 클립으로 영상 삽입!

○ 오늘의 촬영 장소는 **작업실** ✧

작업실을 배경으로 할 때는 벽에 붙여 둔 엽서나 그림이 잘 보이게 찍거나, 좁은 공
간이 너무 답답해 보이지 않게 카메라를 멀리 떨어뜨려 놓고 넓은 각도에서 촬영했
어요. 저처럼 공간을 자유롭게 활용할 수 없다면, 광각렌즈를 구매하는 것도 하나의
방법이에요. 카메라를 가까운 곳에 두어도 공간이 넓게 보이거든요.

○ 오늘의 촬영 장비는 ✧
캐논 g7x mark2, 올림푸스 삼각대, 맨프로토 삼각대

○ 오늘의 편집 프로그램은 ✧
Lumafusion, Picsart

△ 동영상 편집
유료 어플

△ 사진 편집
무료 어플

○ 오늘의 카메라 구도는 ✦

01 다이어리와 펜을 잡은 손이 잘 보이도록 손보다 약간 높은 곳에서 찍기 위해
맨프로토 삼각대를 이용했어요. 이때 카메라의 렌즈는 비스듬히 아래를 내려다보
는 각도로 설정해 두어요. 전체적인 장면을 보여 주기 위해 줌을 당기지 않고 촬영
한 후, 줌을 조금 당겨 적고 있는 글씨나 내용이 보이게 촬영해요.

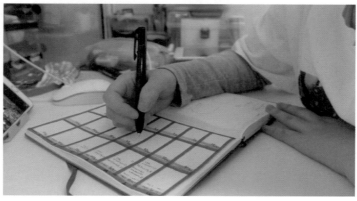

02 내 모습을 담을 때는 손을 촬영할 때보다 좀 더 긴 삼각대를 이용합니다. 높이를 머리보다 높게 설정하고 내려다보는 각도로 카메라를 조절해서 촬영하고 있어요. 자신의 얼굴형이나 스타일에 맞게 카메라를 위, 아래, 옆 등으로 조절해 보세요.

○ 오늘의 편집은 **썸네일 꾸미기** ✧

01 **픽스아트** Picsart 어플을 사용해서 썸네일을 꾸밀 거예요. 영상 속에서 마음에 드는 부분을 캡처한 사진이나, 영상의 썸네일로 사용하기 위해 찍어 둔 사진을 불러옵니다.

02 편집 화면에서 **도구를 누르고 자르기를** 선택한 다음, 사진의 크기를 16:9로 맞춰 주세요.

> 유튜브에서 지정된 썸네일 크기가 있지만 이렇게 비율로 잘라내는 것이 가장 간편하더라고요.

03 **블로그마스°** 영상이기 때문에 크리스마스 하면 떠오르는 색을 포인트로 장식할 거예요. 편집 화면에서 **붓(그리기)** 아이콘로 들어가 오른쪽 하단의 색상표를 눌러 빨간색을 선택합니다.

°**블로그마스**^{Vlogmas} 12월 1일부터 크리스마스까지 24일 동안의 일상 영상을 매일 업로드하는 것

04 오른쪽의 **붓(브러시)** 아이콘을 누른 다음 붓 모양을 가장 앞에 있는 것으로 설정해 주세요. 크기와 투명도 등 알맞게 설정한 뒤 화면 여기저기를 찍어 빨간색 동그라미로 사진을 꾸밉니다.

05 초록색 동그라미도 같은 방법으로 여기저기 그려 주고 화면 왼쪽 상단의 적용을 눌러 주세요.

06 썸네일만 보고도 알 수 있도록 글자를 넣을 거예요. 편집 화면의 툴바에서 **문자**를 눌러 'Vlogmas day oo'를 적고 가운데로 오게 글자 위치를 지정했어요.

블로그마스 영상들끼리 글씨체와 글씨 크기를 맞추어 적어 두면 쉽게 알아볼 수 있어요.

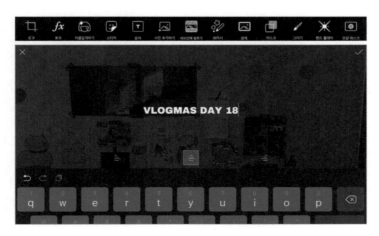

07 6번 화면에서 오른쪽 상단의 ∨ 아이콘을 누르면 폰트와 색상 등 다양한 효과를 줄 수 있는 화면이 나와요. 폰트와 색상을 선택하고 적용을 눌러 주세요.

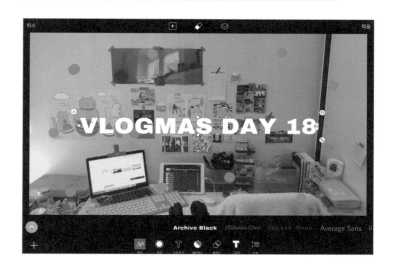

08 사진을 저장하고 영상을 올릴 때 같이 업로드해 줍니다.

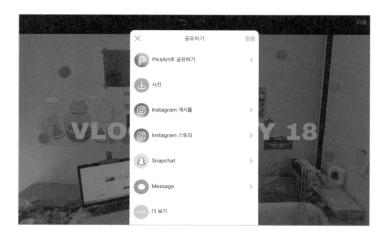

하루 꽉 채워 일하는 날
일상 브이로그 2

영상 주제	2019년 다이어리 꾸미기
촬영 날짜	2018년 12월 18일
업로드 날짜	2018년 12월 19일
콘티	① 카메라가 흰 책상 바닥을 정면으로 바라보는 구도로 촬영 ② 소품들을 영상 화면에 모두 나오게 촬영 ③ 촬영한 클립들을 원래 속도에서 +6배속으로 편집

○ 오늘의 촬영 장소는 **책상** ✦

책상이 하얗고 깔끔하면 다이어리를 꾸미거나 손으로 작업하는 영상을 찍기 좋아
요. 책상이 깔끔하지 않다면 배경지를 바닥에 깔고 찍을 수 있어요. 저는 여러 색상
의 전지를 구매해서 다이어리 꾸미는 영상이나 소품
을 소개하는 영상에서 자주 사용하고 있답니다.

> 좋아하는 옷이나 침구를
> 활용해도 좋아요.

○ 오늘의 촬영 장비는 캐논 g7x mark2, 하이메이드 삼각대 ✦

○ 오늘의 편집 프로그램은 Lumafusion ✦

△ 동영상 편집
유료 어플

○ 오늘의 카메라 구도는 ✧

01 위에서 아래를 정면으로 바라보는 구도로 촬영하기 위해 삼각대 다리를 최대한 길게 펴고 렌즈가 아래를 향하게 맞춰 주세요. 녹화되는 화면을 볼 수 있도록 카메라 스크린은 펼쳐 둡니다. 스크린을 보며 초점이 잘 맞게 촬영되는지 구도는 적절한지 확인하며 촬영합니다.

02 영상에 등장하는 소품은 화면의 가운데에 위치하게 해주세요. 시청자들이 더욱 집중할 수 있어요.

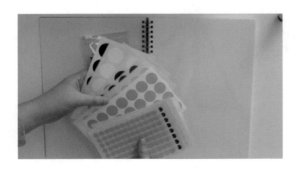

03 카메라와 같은 각도로 손을 사용하면 카메라 렌즈를 가려 화면에 손만 가득 차게 나올 수 있어요. 중간중간 카메라 스크린을 보며 화면이 가려지지 않게 잘 나오는지 확인해 주세요.

04 카메라를 높이 설정해 두고 촬영하면 소품 등 행동의 디테일을 보기 어렵기 때문에 필요에 따라 카메라의 줌을 당겨 촬영하거나, 편집할 때 해당 부분을 확대해 주면 좋아요.

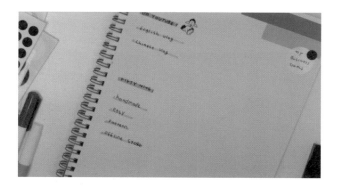

O 오늘의 편집은 **영상 크기 조절하기** ✦

01 영상 클립에 담고자 하는 장면은 잘 담겼지만 어쩐지 어수선한 느낌이 들 때는 영상의 크기를 조절하면 돼요. 루마퓨전 어플을 실행하고 편집할 영상을 불러온 다음(156쪽 참고), **서류 가방** 아이콘을 누르고 **편집**을 선택합니다.

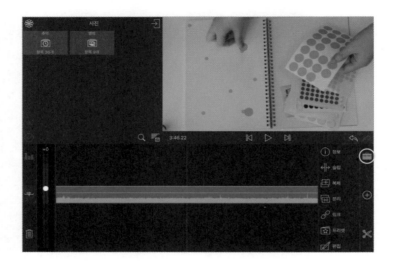

02 화면 하단에서 가장 왼쪽에 있는 **아이콘(프레임 및 맞춤)**을 눌러 주세요.

03 오른쪽 하단을 보면 크기를 조절할 수 있는 여러 개의 바가 있어요. 동그라미를 좌우로 움직여 화면의 크기를 줄이거나 늘려 보세요. 또는 미리보기 화면에서 직접 손가락을 올려 확대하거나 축소할 수도 있어요.

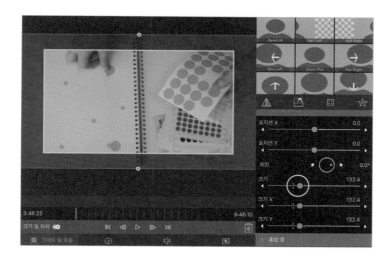

04 저는 영상에서 다이어리만 보일 수 있도록 확대했어요. 이렇게 확대하면 처음 촬영한 영상보다 내가 보여 주고 싶은 장면에서 더욱 집중하도록 할 수 있어요.

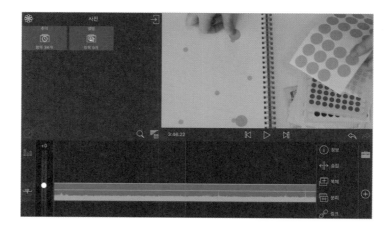

✌ 혼자 또 딤섬
집에 가기 싫어지는 중국 마트 투어

영상 주제	혼자 광저우에서 밥 먹고, 쇼핑하기
촬영 날짜	2018년 12월 12일
업로드 날짜	2018년 12월 13일
콘티	① 커튼 치는 장면 촬영(인트로) ② 외출 전 숙소에서 보내는 일상 짧게 촬영 ③ 혼자서 교통수단 이용하는 과정 촬영 ④ 음식점 메뉴, 주문한 음식 잘 보이게 촬영하기 ⑤ 마트 모습 많이 찍어 두기 ⑥ 계산하는 모습 찍을 수 있으면 찍기

○ 오늘의 촬영 장소는 **숙소, 카페, 음식점** ✧

카페나 음식점에서 촬영할 때는 공간 활용이 제한적이고, 사람들에게 불편함을 줄 수 있기 때문에 최대한 조심하는 편이에요. 그래서 되도록 한 손에 들어오는 작은 삼각대를 가지고 외출하고, 사람들의 모습이 담기지 않는 각도를 찾아 음식 또는 저를 위주로 촬영해요.

○ 오늘의 촬영 장비는 **캐논 g7x mark2, 다이소 삼각대** ✧

○ 오늘의 편집 프로그램은 Lumafusion ✧

△ 동영상 편집
유료 어플

○ 오늘의 카메라 구도는 ✧

01 음식점에서 촬영할 때는 먼저 카메라를 손에 들고 음식을 클로즈업해서 촬영
합니다. 그 다음 먹는 모습을 전체적으로 담기 위해 삼각대를 카메라에 고정시킨
후 식탁 끝쪽에 둡니다. 저는 입 부분만 촬영할 때도 있지만, 전체적인 모습을 촬영
하는 것을 더 좋아해요. 부분을 찍을 때보다 안정감이 느껴지거든요.

02 혼자 여행할 때는 삼각대를 두고 모습을 담기가 어렵기 때문에 주로 거울이 있
는 곳에서 카메라를 들고 마주보게 촬영해요.

○ 오늘의 풍경은 ✧

여행 중에는 장소의 분위기와 현지인들의 모습을 담는 것을 좋아해서 일상적인 장면을 많이 촬영해요. 지하철역이나 길가의 건물들을 보면 현지의 느낌이 그대로 전해져요.

○ 오늘의 편집은 **인트로 아웃트로 영상 효과 주기** ✦

01 인트로[intro] 영상에서 흑백에서 컬러로 전환되는 효과를 줄 거예요. 컬러로 화면
이 바뀔 때 진짜 영상이 시작되는 느낌을 줄 수 있겠죠? 루마퓨전 어플을 실행하고
인트로로 쓸 영상을 불러온 다음[156쪽 참고], 화면 오른쪽의 **서류 가방**을 누르고
편집을 눌러 주세요.

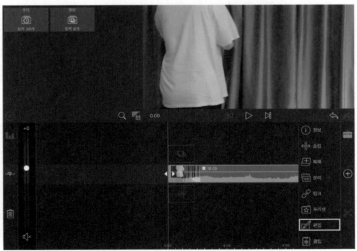

VLOG ☼ ☽

02 하단의 아이콘 중 가장 오른쪽 * 아이콘을 눌러 주세요. **컬러 및 효과**를 조절할
수 있어요. 오른쪽 상단의 **팔레트** 아이콘을 누른 뒤 후 필터 창에서 스크롤을 내려
흑백 필터를 선택하고, 왼쪽 하단의 **b&w** 옆에 **+**를 눌러 주세요.

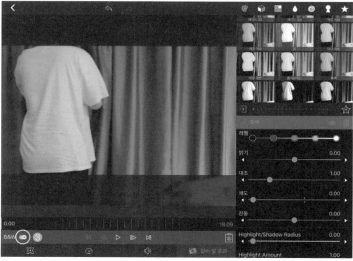

03 그 상태에서 인트로 영상 클립의 마지막으로 드래그해 이동하고 오른쪽 상단
의 원본 필터를 적용해 주세요.

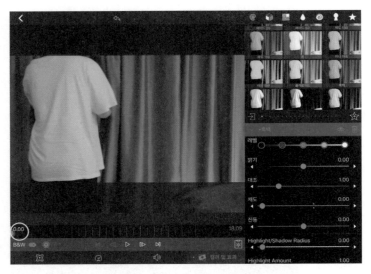

04 모두 완료했다면, 사진처럼 인트로 클립의 첫 화면은 흑백으로 마지막 화면은
영상의 원래 색으로 재생될 거예요.

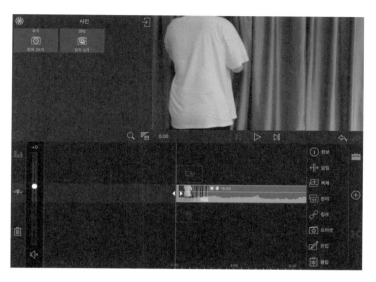

05 아웃트로outro 영상에서는 인트로 영상과 반대로 컬러에서 흑백으로 전환되는 효과를 줄 거예요. 아웃트로로 쓸 영상을 불러온 다음, 1번 과정을 반복합니다.

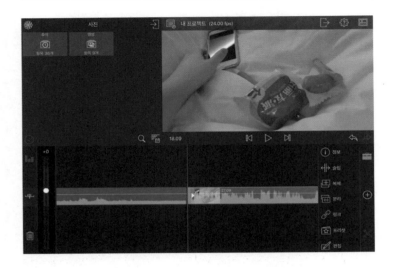

06 2번 과정을 반복합니다. 인트로 영상과 반대이니 흑백 필터 대신 원본 필터를 선택해 주세요.

07 3번 과정을 반복합니다. 여기서는 마지막에 흑백 필터를 적용해 주세요. 모두
완료했다면, 아웃트로 클립의 첫 화면은 영상의 원래 색으로 마지막 화면은 흑백으
로 재생될 거예요.

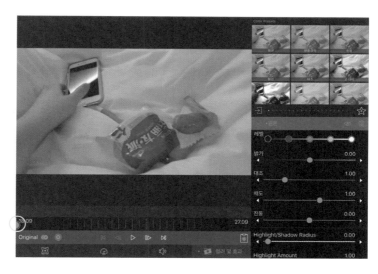

처음으로 쉑쉑버거 먹고
무인양품에서 쇼핑하고 왔어요

영상 주제	외출한 날의 기록
촬영 날짜	2018년 9월 15일
업로드 날짜	2018년 9월 15일
콘티	① 외출 전 what's in my bag? 전체 소품 찍기 ② 남자친구랑 데이트 하는 모습 많이 남기기 ③ 브이로그에 삽입할 미니 하울 찍기

○ 오늘의 촬영 장소는 **옷가게, 탈의실** ✧

쇼핑할 때 탈의실에 간다면 꼭 촬영을 하는 편이에요. 옷을 갈아입는 과정을 촬영하지는 않지만, 산 옷과 입고 간 옷을 비교하듯이 거울에 비친 모습을 주로 찍어요. 집으로 돌아와 편집하면서 영상을 돌려 보고 고민하던 옷은 나중에 사러 가거나, 사온 옷은 잘 샀다며 뿌듯해하곤 해요.

○ 오늘의 촬영 장비는 **캐논 g7x mark2** ✧

○ 오늘의 편집 프로그램은 ✧
Lumafusion, Photo

△ 동영상 편집
유료 어플

△ 기본 사진
어플

○ 오늘의 카메라 구도는 ✧

01 쇼핑을 할 때는 상점에 삼각대를 두고 촬
영하거나 카메라를 어딘가에 두고 촬영하기가
어려워서 주로 한 손으로 카메라를 들고 촬영
해요. 이때는 내가 고르는 제품이 화면에 잘 들
어오게 찍어 주세요.

02 탈의실에서는 선반이나 의자가 있다면 삼
각대가 없어도 카메라를 올려 두고 촬영할 수
있어요. 하지만 대부분의 탈의실은 공간이 협
소해서 카메라를 선반에 내려놓고 찍으면 옷
을 입어 본 모습이 보이지 않는 경우도 있어요.
그럴 때는 손으로 카메라를 들고 거울에 비친
모습을 촬영해요.

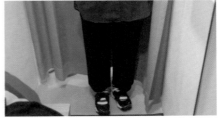

03 저는 영상이 장면 장면 끊어지는 것보다 쪽 이어지며 진행 과정이 보이는 영상을 안정감 있게 느껴요. 그래서 밖에서 촬영할 때는 행동 과정이 연결되게 촬영하려고 해요.

04 계산할 때는 카메라를 계산대에 올려 두고 지갑과 손을 위주로 촬영해요.

05 쇼핑을 마치고 나서 꼭 찍는 장면이에요. 카메라가 위에서 아래로 내려다보는 구도로 물건을 구입한 상점의 봉투가 잘 보이게 촬영해요.

○ 오늘의 편집은 인트로 화면 만들고, 영상에 자막 추가하기 ✧

01 루마퓨전 어플을 이용해 인트로 화면을 만들고, 영상에 자막을 추가할 거예요.
화면이 전환될 때는 원하는 사진을 넣되 영상의 흐름이 너무 끊기지 않게 사용할
거예요. 156쪽을 참고해 인트로 화면에 쓸 사진을 불러옵니다.

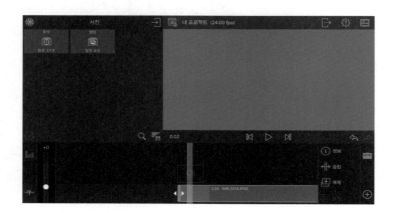

02 서류 가방 아래 + 아이콘을 눌러 **오버레이 타이틀**을 선택하면 자막 클립이 추
가돼요.

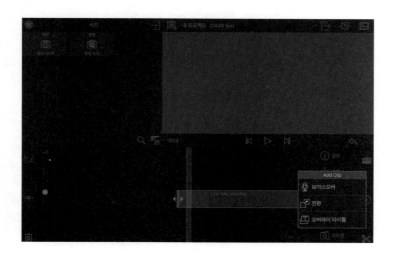

VLOG ☀ ☽

03 화면에 뜬 글 상자를 손가락으로 두 번 연속 누르거나, 오른쪽 바 가운데 상자
    안에 연필이 그려진 아이콘을 누르면 글을 편집할 수 있어요.

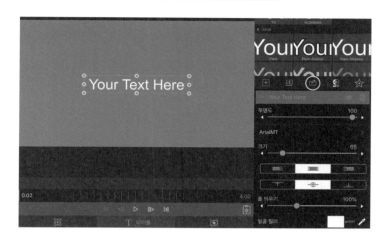

04 원하는 문구를 입력하고, 오른쪽 바에서 글자의 스타일이나 크기를 조절해 주
    세요.

05 가방 속을 소개하는 장면에 작은 자막 여러 개를 추가하려고 해요. 가독성을 높이기 위해 자막의 배경을 직접 만들 거예요. 배경으로 쓸 화면을 캡처해 주세요. 장면에 색이 다양하기 때문에 통일감을 주기 위해 소품들을 놓아 둔 바탕을 자막 배경으로 쓸 거예요.

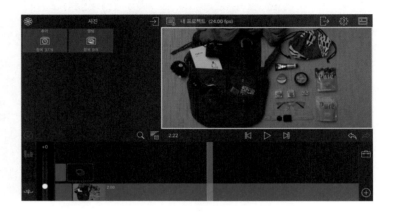

06 핸드폰이나 태블릿PC의 기본 사진 어플을 실행해서 자막 배경으로 쓸 부분을 잘라 줍니다.

VLOG ☀ ☽

참고 저는 아이패드 기본 사진 어플을 이용했어요.

07 루마퓨전 어플을 다시 실행하고 2, 3번 과정을 반복해서 자막을 추가합니다. 자른 캡처 사진을 자막 레이어 아래에 위치하도록 불러옵니다.

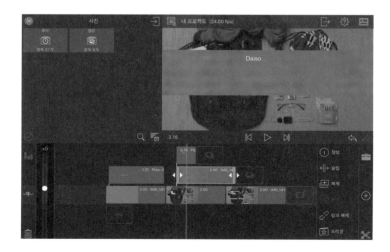

08 자막 배경의 크기는 글 상자를 두 번 연속 누른 다음 화면을 손가락으로 드래 그해 조절할 수 있어요. 또는 **서류 가방**을 누른 뒤 **편집**을 선택 하고 하단의 **프레임 및 맞춤**에서 여러 항목을 조정해 위치와 크기를 정할 수 있어요.

> 자막 배경 크기는 자막보다 조금 여유 있게 설정해 주세요.

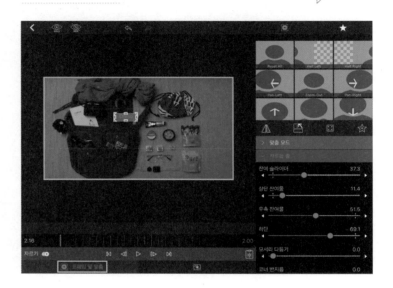

09 자막 클립은 자막 배경 클립과 같은 길이로 맞춰 주세요. 조정할 클립을 선택 하면 파란 테두리와 삼각형 화살표가 생길 거예요. 화살표를 누르고 바깥쪽으로 드 래그하면 길이가 길어지고, 안쪽으로 드래그하면 길이가 짧아져요.

VLOG ☼ ☽

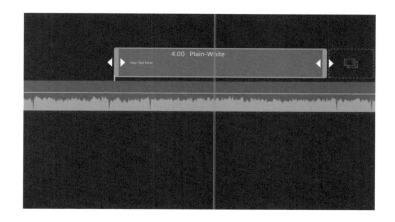

10 완성된 모습이에요. 5~9번 과정을 반복해서 총 9개의 작은 자막을 넣었어요.

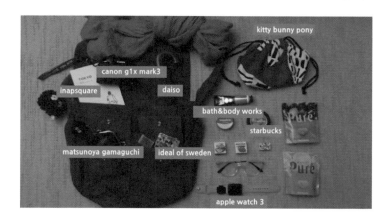

Seventh.

나날기록

일기 !

'나날 기록'에서는 소소한 일상 이야기를 담았어요.
브이로그 영상 촬영을 하며 있었던 에피소드나
촬영 뒷이야기를 전합니다!
평범한 일상이라도 돌아보면 꼭 특별한 일이 있었더라고요.
그 순간을 기억하고 싶어 오늘도 일기를 씁니다.

바리스타 자격증
수업에 가는 날

일어나자마자 늘 하는 이불 정리 클립을 촬영하지 못했다. 어젯밤에 카메라를 충전해야지 생각만 하고 깜빡 잠이 들었기 때문. 요즘은 10월의 일상을 매일 기록하는 vlogtober 영상을 찍고 있기 때문에 영상을 찍지 않고 하루를 시작하려니 왠지 허전했다.

아침밥을 간단히 먹고 다시 누울까 잠시 고민하다가 늘어진 하루를 보내게 될 것 같아 바로 씻었다. 다 씻고 나왔는데도 카메라 충전이 안 되어 있길래 아무것도 찍지 못하고 나갈 준비를 했다. 나가기 전 로션을 바르고, 어떤 옷을 입을지 고민하고 옷을 고르는 것까지 몇 주 동안 기록을 해왔던 터라 허전하면서도 시원한 기분이 들었다. 혼잣말이 대부분인 영상 기록이지만 누군가 들어 준다고 생각하며 말하다 보니 습관이 된 친구와의 대화를 놓치는 기분도 들었다.

핸드폰으로 촬영해도 되지만 왠지 월요일에는 카메라로 처음

VLOG ☀☽

부터 기록하고 싶기 때문에 안 찍는 쪽을 선택했다. 지금은 앉아서 유튜브를 보면서 일기를 쓰는데 문득 유튜브만 해도 멋진 사람들이 참 많다는 생각을 했다. 오늘은 바리스타 수업 첫날이라 마음이 어수선해서 아침 촬영을 하지 못한 게 다행일 수도 있다. 늘 이런 날은 영상에서 횡설수설하기 때문에 편집하는 나에게 미안해진다.

바리스타 수업은 서울에서 하기 때문에 2시간 전에 출발해야 한다. 가기 전에는 집 앞 편의점에서 젤리도 샀는데 너무 급하게 다녀오느라 촬영하는 것을 깜빡했다. 1분 1초를 다 담을 수는 없지만 일상이 비슷하기 때문에 조금이라도 다른 일이 생긴다면 꼭 촬영하고 싶지만 익숙하지 않아서 늘 잊어버린다.

하루 중 대부분의 순간을 기록하는 날이 있다면 어떤 날은 그날 영상을 편집하며 돌려 보아도 대체 내가 무엇을 했는지 떠오르지 않는 날들도 있다.

엄마랑 나는 취미 겸 자격증 하나쯤 있으면 좋지 않겠냐는 마음으로 바리스타 수업을 들으러 갔는데, 그곳에서 만난 사람들은 다들 창업을 준비하거나 카페에 취업하려는 열정이 가득한 사람들이었다. 그 속에서 엄마랑 나는 잘못 찾아온 느낌이 들기도 했지만 수업이 끝나서 집에 가는 길에는 꽤 즐거웠다.

수업 전에 바리스타 수업을 촬영할 수 있는지 미리 여쭈어 보았는데, 수업 내용도 수업 중의 내 모습도 촬영하면 안 된다고 해서 어쩔 수 없이 아무런 영상도 기록하지 못했다. 가끔 식당이나 카페에서도 촬영이 허락되지 않을 때는 아쉽지만 눈에만 담고 머리로 기억하는 일도 더러 있다. 어떤 날은 촬영이 가능한지 묻지 않고 자연스레 촬영하다가 제재를 받기도 한다. 그럴 때는 재빠르게 촬영한 것을 삭제해서 보여 주는데 마음은 조금 아프다. 두고두고 보고 싶은 순간일수록 더 그렇다.

오늘은 밖에서 보내는 시간이 많았어도 길에는 사람이 많아서 못 찍고, 바리스타 수업도 찍을 수 없었기에 집에 와서 클립을 확인해 보니 양이 참 적다. 아쉽지만 손으로 대신 일기장에 기록하면 나중에 기억할 수 있겠지.

이제 자야겠다.

친구 만나는 날 🔍

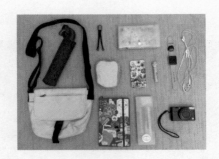

　　오랜만에 친구를 만나러 가는 날이다. 친구랑 여름에 같이 여행을 다녀온 이후로 3개월 만이다. 친구들을 오랜만에 만나면 늘 작은 선물을 챙겨 가는데 이번에는 스티커와 마스킹테이프를 소분해 주려고 몇 개 챙기고, 사고 나서 한두 번 쓴 뒤 요리를 잘 안 한다는 것을 깨닫고 보관해 둔 미니 오븐도 챙겼다. 가져다주기로 한 지 몇 달이 지났는데 이제야 만나게 되어 신나게 장바구니에 담아서 나갔다.

　　비가 오는 날 왜 그런 선택을 했는지 모르겠지만 중간중간 버리고 싶은 것을 꾹 참고 친구네 집으로 향했다. 역까지 마중 나와 있던 친구와 친구 아버지를 만나 아버지께 오븐을 전달드리고, 우리는 비를 뚫고 근처 카페로 갔다.

　　우리 집에서 친구네 집으로 가는 동안 영상을 하나도 못 찍었다. 친구를 만나거나, 비가 오거나, 손이 부족한 날은 늘 이런데 오늘은 그 세 개가 다 해당하는 날이었다. 영상을 보면 외출하기 전 집에서 오늘의 행선지에 대해 이야기한 뒤 갑자기 타임워프를 해 집에 돌아오는 길이거나, 친구를 만나 밥을 먹고 있는 장면이 나오곤 한다.

오늘도 역시 친구와 카페에 도착해 주문한 음료와 케이크가 나온 것이 외출한 뒤 첫 장면이었다. 친구와 그동안 하지 못한 이야기도 나누고, 여행 계획을 세우기도 하고, 미래에 대한 이야기를 나누었다. 현재나 과거의 이야기보다 미래를 이야기할 때 얻는 힘이 큰 것 같다.

친구랑 이야기하는 중간중간 받은 선물을 뜯는 모습을 촬영하기도 했는데 삼각대를 챙기지 않아서 바닥에 놓고 촬영했더니 누군가 훔쳐보는 시선으로 찍혀 있었다. 친구랑 웃고 대화하는 모습을 기록하고 싶기도 하지만 어떤 친구는 카메라에 나오는 것을 너무 좋아하고, 어떤 친구는 카메라에 나오고 불특정 다수에게 노출되는 것이 익숙하지 않을 수 있어서 친구를 만나도 촬영해도 되냐고 물어보거나 눈치껏 촬영한다. 오늘 만난 친구는 후자에 해당하는 친구였기에 우리가 이야기하며 움직이는 손이나 발, 어깨 등으로 만족한다. 촬영을 좋아하는 친구랑 있다고 해서 우리가 나누는 모든 대화를 촬영하지는 않는다. 역시 오랜만에 좋아하는 사람들을 만나면 카메라보다는 눈에 담는 게 우선이다.

홍콩 여행

아침 일찍 비행기를 타야 해서 남자친구랑 전날 공항에서 노숙을 했다. 친구랑 여행 갔을 때는 공항 노숙 몇 번 해봤는데 남자친구랑은 처음 해보는 거라 약간 설레는 기분. 이번 여행은 남자친구랑 휴식을 주제로 떠난 여행이라 영상을 만드는 게 업인 나는 카메라를 챙기지 않고 가기로 했다. 하지만 정신을 차려 보니 카메라로 촬영을 시작했다면 귀찮아서 찍지 않았을 장면까지 핸드폰으로 찍고 있었다. 핸드폰은 카메라보다 화질이 선명하진 않지만 쉽게 넣고 꺼낼 수 있어서 정말 그날 하루의 대부분을 기록할 수 있었다.

> 특히 나는 늘 핸드폰을 손에 쥐고 있기 때문에!

홍콩 여행에서 우리의 주된 여행 목적은 호텔에서 놀고먹고, 아주 약간의 관광을 하는 것이었다. 홍콩 호텔은 셔틀버스가 아주 잘 운영되기 때문에 굳이 택시를 잡아타지 않아도 안전하고 빠르게 호텔까지 갈 수 있었다.

호텔을 수영장, 헬스장, 조식, 애프터눈 티, 저녁 칵테일 바가 제공되는 곳으로 예약했기 때문에 호텔에서 모든 것을 해결할 수 있었다. 홍콩의 날씨는 안개가 많이 끼어 있고, 흐리다고 들었는데, 여행을 가면 늘 날씨가 좋았던 나는 이번에도 홍콩을 다녀온 사람들이 들으면 놀랄 정도로 좋은 날씨를 경험했다. 여행을 하면서 날씨가 좋다는 건 여행을 떠나기 전에는 모르는 아주 감사한 포인트다.

호텔에서만 아주 푹 쉴 각오로 떠난 여행이라 관광에 대해서는 알아본 것이 별로 없었다. 딱히 계획도 없어서 심심해지면 인터넷으로 검색해서 괜찮아 보이는 곳을 찾아가곤 했다. 늘 여행 계획은 내가 세웠기 때문에 이번 여행은 남자친구가 매일 고심해서 데려가 주었다.

어느 날에는 포털사이트에 '홍콩 여행'을 검색하면 제일 많이 나오는 심포니 오브 라이트^{A Symphony of Lights}를 보러 갔다. 우리는 침사추이 쪽에 앉아 센트럴의 고층 빌딩 사이에서 나오는 휘황찬란한 레이저쇼를 볼 예정이었다. 시작하기 몇 시간 전부터 가서 자리를 잡아야 하는 줄 알고 해가 지기도 전에 부랴부랴 도착했다. 이런 순간에는 진짜 여행을 하는 기분이 든다. 오늘이 아니면 안 된다고 느껴지기 때문인가.

일찍 도착해 한참을 기다려서인지 우리는 기대에 못 미치는 레이저쇼를 보고 다시 숙소로 돌아갔지만, 아무런 계획 없는 여행에서 목적을 갖고 관광했다는 것이 꽤 기분 좋았다. 기대만큼은 아니었어도 레이저쇼는 멋졌는데 핸드폰으로 찍다 보니 불빛이 번지고, 색감이 잘 잡히지 않아 계속 아쉬웠다. 카메라로 찍으면 정말 멋지게 찍혔을 텐데….

또 어느 날은 수영 데이였다. 한국에서 수영복을 챙겨가지 않

왔던 나는 남자친구가 서프라이즈로 챙겨 온 수영복 덕분에 맛보기 수
영을 할 수 있어 아주 행복했다. 그래서 하루는 수영을 오래오래 하기
로 하고 아침 일찍 조식을 먹고 바로 수영장으로 갔다. 평소와 다르게
너무 좋았던 요상한 홍콩의 날씨 덕분에 햇살에 피부가 따갑고 눈이
떠지지 않아 오전 수영은 포기하고 저녁에 다시 오기로 했다.

　　밤 수영에 대한 기대로 하루를 보냈고, 저녁이 되자마자 수영
장으로 향했다. 수영장에서 한두 시간 동안 한 발자국도 나오지 않고
놀았다. 중간중간 핸드폰을 의자에 기대어 놓고 우리가 물놀이하는 모
습을 타임랩스로 찍곤 했는데, 카메라였다면 불안해서 챙겨 가지도 못
했을 것이다. 나중에 클립을 확인해 보니 나랑 남자친구가 너무 즐겁
고 행복해 보여 계속해서 수영장에서 물놀이하는 부분만 돌려 보기도
했다.

　　홍콩에서 돌아가는 날이 되었을 때는 홍콩을 떠나기 싫은 마음
보다 이 완벽한 호텔을 떠나야 한다니… 하면서 아쉬움이 마음을 가득
채웠다.

　　영상은 1분도 안 찍을 거라고 다짐했는데, 한국에 돌아와서 확
인한 편집 전의 원본 영상 길이는 두 시간도 훌쩍 넘겼다. 두 시간 길
이의 영상을 편집하고 편집하니 28분 32초가 되었다. 영상을 얻고 잠
은 잃고 며칠을 보낸 결과물!

집순이의 날 🍰

학생 때는 학교가 일찍 끝난 날이나 주말에는 집에서 노는 것보다 친구들이랑 밖에서 노는 게 좋았다. 심지어 아침잠도 없어서 아침 일찍부터 나가서 놀자고 친구들에게 연락하는 것은 나의 휴일 아침 일상이었다. 그렇게 학창시절을 모두 보낸 내가 20대가 되고 회사를 다니다 보니 집에만 붙어 있다. 그러려던 것은 아닌데 어쩌다 보니 집에 있는 시간이 가장 소중한 시간이 되었다. 단순히 집에만 있는 게 아니라 '혼자' 집에서 '나만의' 시간을 갖는 날이 가장 소중하다. 평균적으로 일주일에 5일 정도를 집에서 보내다 보니 내 영상은 대부분 집순이의 일상 브이로그다. 일주일에 2일 외출하는 이유는 영상의 분위기를 환기할 겸 나가는 것이기도 하다.

집에만 있는 영상을 찍을 때는 왠지 이것저것 많이 촬영해 보면서 그 속에서 새로운 시도를 하게 된다. 매일 똑같은 일상이더라도 먹는 음식이 달라지고, 입는 옷이 달라지고, 듣는 음악, 읽는 책이 달라진다면 보는 사람에게 조금이라도 새로운 느낌을 줄 수 있으니까. 아무도 모르겠지만 그런 소소한 시도를 해본다.

아침에는 이불을 정리하거나, 방을 깔끔하게 두는 습관이 없었는데 영상을 찍다 보니 그런 습관이 생겼다. 방이 지저분하게 나오는 것보다 깔끔하게 나오는 것이 보기 좋고, 옷이 널브러져 있는 모습보다 정돈되어 보이는 게 좋아서 하나둘 차근차근하다 보니 어느새 습관이 되었다. 외출해서의 모습을 기록하는 것보다 집 안에서 나의 모습을 기록하는 것이 안 좋은 습관을 고치는 데에 많은 도움이 되었다. 카메라를 켜두고 할 일을 하다 보면 평소에 입술을 뜯는다든가 하는 습관들을 발견한다. 그게 한 번 눈에 거슬리기 시작하면 무의식중에 입술을 뜯다가 헙! 하면서 놀랄 때도 있다.

또 끼니를 패스트푸드로 때우기 좋아하는 초딩 입맛인데 시청자들이 댓글로 건강을 염려할 때 정신을 차리고 조금이라도 집밥을 챙겨 먹게 된다. 집밥을 차리는 날이 많지 않다 보니 요리를 하는 날은 미리 삼각대까지 세팅하고 촬영할 준비를 한다. 왜인지 '저 밥도 건강하게 잘 차려 먹죠?' 하는 칭찬을 받고 싶은 마음으로 찍게 되는 것 같다. 요리하는 것을 촬영하다 보면 요리 유튜버들을 존경하게 된다. 어떻게 그렇게 다양한 각도로 음식을 만드는 과정을 빼놓지 않고 찍을 수 있는 건지 신기하다. 나는 늘 배가 고플 때 요리를 하기 때문에 중간 과정 클립이 없거나 먹는 모습이 담긴 클립이 없다. 이것도 노력하면 되는 것인지 궁금하지만 나는 아마도 계속 이렇게 유지하지 않을까.

밥만 집에서 먹는 것이 아니라 일도 집에서 하는 재택근무자의 삶이기 때문에 가끔은 영상에 일하는 모습도 담기는데, 주된 업무가 촬영하고 편집하는 것이라 사람들은 내가 일하는 것인지 모를 때도 있다. 촬영도 즐겁지만 그만큼 즐기는 것이 있다면 편집인데 내가 두 눈으로 보면서 찍은 영상이 이렇게 저렇게 새로운 모습으로 변하는 걸 보는 게 정말 즐겁다. 이따금 아는 유튜버를 만나면 편집을 좋아하는 친구들은 많이 없었고, 대부분 촬영을 더 좋아하는데 나는 아무래도 편집자가 천직인 건가? 하는 생각도 한다. 하지만 막상 카메라 앞에 서는 것을 너무 좋아하고, 카메라 돌아가면 사람이 세상 밝아지고….

가끔 내 영상의 장점이나 단점에 대해서 생각한다. 고쳐야 할 점이라든가 지속시키고 싶은 장점을 생각하는데 딱히 도움이 되는 건 아닌 거 같다. 결과가 나지 않는 끊임없는 생각들은 '나 영상 왜 만들지, 유튜브 왜 하지?'라는 질문에 다다라 괴롭기도 하다. 혼자서 일하고 혼자서 감당해야 하는 일이 대부분이기 때문에 이런 마음을 공유하기도 쉽지 않다. 그럴 때면 우울감을 떨쳐내기가 힘들다. 게다가 이런 때 다른 유튜버의 영상을 보면 어쩜 그리 영상을 재밌게 만드는지 내가 더 작아지기도 한다. 이런 날은 영상 찍기가 쉽지가 않다. 나의 찌질한 모습을 담는 게 참 어렵다. 지금보다 재고 따지는 게 적었던 몇 년 전에는 영상에서 잘만 쩡쩡거렸는데 이제는 그게 어렵다. 말 한마디가 가진 힘이 얼마나 강한지 알게 되어서일까. 좋은 마음, 좋은 기분만 전달하고 싶다는 생각이 들어 결국 찍어 둔 신세 한탄 클립은 버려지는 경우가 대다수다.

그럼에도 결국에는 옛날 영상을 다시 돌려보면서 힘을 낸다. 내가 알아주는 내 영상의 매력은 늘 그곳에 담겨 있으니까. 예전엔 왜 이런 영상을 찍었을까 싶어 창피하던 영상도 지금의 나에겐 위로가 되어 준다.

> 근데 지금 봐도 창피한 영상이 더 많다.

위로는 타인에게 받아도 좋지만, 내가 나를 위로할 수 있다는 것도 잊지 말고 살았으면 좋겠다는 생각을 하며 마무리하는 나날이 잦아진다. 까먹지 말자!

어느 날의 호캉스

아주 재미있는 일이 생겼으면 좋겠다는 말을 종종 한다. 늘 똑같은 일상을 살다 보니 즐거운 일상! 새로운 일상에 목말라 있다. 당장은 여행을 떠날 수 없으니 지금 할 수 있는 가장 최고의 사치는 호캉스다.

좋아하는 유튜버의 영상을 보는데 혼자 호텔을 가서 쉬다가 근처에 나가서 외식도 하고 돌아와 할 일도 하며 쉬는 모습을 보고 호텔을 저렇게 활용할 수 있구나 싶었다. 전에는 호텔을 단순히 숙소로만 인식했는데 생각해 보면 일하러 가서 머물렀던 호텔도, 여행으로 떠났던 곳의 호텔도 처음 마주했을 때 기분은 단순히 '숙소'로 표현하기엔 부족했다.

이번에는 엄마랑 다투고 호텔로 도망쳤다. 당연히 평소 즐기던 호캉스와는 달랐다. 호텔로 가는 길부터 호텔에서 밥을 먹고, 누워서

티비를 보고, 일기를 쓰고, 씻고, 퇴실을 하고, 집으로 돌아오는 길 내내 마음도 발걸음도 무거웠다. 엄마랑 다툴 거라고는 예상하지 못해서 구독자들에게 영상을 올리기로 한 약속을 무를 수도 없었다.

이런 날들이 종종 있는데 매번 난감하다. 장난스럽게 유배 떠났다고 말했지만 마음속은 캄캄하다. 영상을 찍기는 찍는데 도저히 즐겁지가 않다. 그래도 호캉스 몇 번 해봤다고 어떤 장면을 찍을지 손이랑 머리가 알아서 하는데 마음은 장단 맞춰 줄 여력이 없다.

굳이 이런 날을 기록하고 싶지 않다는 생각이 드는 날 촬영하는 것은 꽤 곤욕이다. 아무렇지 않은 척해야 하나? 하는 고민도 살짝 스쳐 간다. 나의 삶을 공유하는 것은 즐겁지만 나의 감정과 내가 아닌 누군가의 삶과 감정을 샅샅이 밝히기란 쉽지 않다. 사람들은 솔직한 모습, 온전한 나를 보고 싶어 하지만 나는 나를 보호할 능력이 있어야 한다. 타인이 원해서 나를 다 주는 것보다 내가 정한 선에 한해서만 나를 공유하는 것도 필요하다.

적당히 치고 빠지기.

가끔은 이런 게 필요하다.

내가 조금은 쉴 수 있는 공간, 믿을 수 있는 공간을 하나쯤은 가지고 있으면 좋다. 내겐 호텔이 그런 공간이다. 특정한 호텔을 정해 두고 떠나지 않지만 그날만큼은 꽤나 새로운 도전을 하는 기분도 들고 마음이 환기되기 때문이다. 굳이 발로 걸어갈 수 있는 장소가 아니어도, 영상을 만들어 올리는 유튜브나, 글과 사진, 영상을 더불어 기록할 수 있는 블로그나 인스타그램 등 다양한 SNS도 호캉스를 떠나는 것과 같은 효과를 불러올 수 있다고 생각한다.

아! 그리고 호캉스 마치고 집에 돌아간 날 엄마랑 화해했다.